# Easy Steps to CHINESE

**1** TEXTBOOK

# 轻松学中文

SIMPLIFIED CHARACTERS VERSION

沈在琳

Yamin Ma
Xinying Li

北京语言大学出版社
BEIJING LANGUAGE AND CULTURE
UNIVERSITY PRESS

**图书在版编目（CIP）数据**

轻松学中文.课本.第1册：马亚敏，李欣颖编著
－北京：北京语言大学出版社，2008 重印
ISBN 978-7-5619-1650-6

Ⅰ.轻... Ⅱ.①马...②李... Ⅲ.汉语－对外汉语教学
－教材 Ⅳ.H195.4

中国版本图书馆 CIP 数据核字(2006)第 060199 号

| | |
|---|---|
| 书 名 | **轻松学中文**.课本.第1册 |
| 责任编辑 | 张 健 苗 强 王亚莉 唐琪佳 武思敏 |
| 美术策划 | 王 宇 |
| 封面设计 | 王 宇 王章定 |
| 版式设计 | 娄 禹 |
| 责任印制 | 汪学发 |

出版发行 北京语言大学出版社
社 址 北京市海淀区学院路 15 号 邮政编码：100083
网 址 www.blcup.com
电子邮件 escbooks@blcu.edu.cn
电 话 编辑部 010-8230 3647
发行部 010-8230 3650/3591/3651/3080
读者服务部 010-8230 3653/3908
网上订购 010-8230 3668 service@blcup.net
印 刷 北京新丰印刷厂
经 销 全国新华书店

版 次 2006 年 7 月第 1 版 2008 年 9 月第 3 次印刷
开 本 889 毫米×1194 毫米 1/16 印张：8.75
字 数 117 千字 印数：10001-13000 册
书 号 ISBN 978-7-5619-1650-6/H.06098
11800

©2006 北京语言大学出版社

*Easy Steps to Chinese* (Textbook 1)
Yamin Ma, Xinying Li

| | |
|---|---|
| Editor | Jian Zhang, Qiang Miao, Yali Wang, Qijia Tang, Simin Wu |
| Art design | Arthur Y. Wang |
| Cover design | Arthur Y. Wang, Zhangding Wang |
| Graphic design | Yu Lou |

Published by
Beijing Language & Culture University Press
No.15 Xueyuan Road, Haidian District, Beijing, China 100083

Distributed by
Beijing Language & Culture University Press
No.15 Xueyuan Road, Haidian District, Beijing, China 100083

First published in July 2006
Third impression in September 2008
Copyright © 2006 Beijing Language & Culture University Press

E-mail: escbooks@blcu.edu.cn
Website: www.blcup.com

# ACKNOWLEDGEMENTS

**A number of people have helped us to put the books into publication. Particular thanks are owed to the following:**

- 戚德祥先生、张健女士 who trusted our expertise in the field of Chinese language teaching and learning

- Editors 张健女士、苗强先生、王亚莉女士 for their meticulous work

- Graphic designers 娄禹先生、王章定先生 for their artistic design

- Art consultant Arthur Y. Wang and artists 陆颖、顾海燕、龚华伟、王净 for their artistic ability in the illustrations

- Edward Qiu who assisted the authors with the sound recording

- And finally, members of our families who have always given us generous support.

# INTRODUCTION

- The primary goal of this series *Easy Steps to Chinese* is to help the students establish a solid foundation of vocabulary, knowledge of Chinese and communication skills through the natural and gradual integration of language, content and cultural elements. This series adopts a holistic approach, and is designed to emphasize the development of communication skills in listening, speaking, reading and writing.

- *Easy Steps to Chinese* comprises 8 colour textbooks, each of them supplemented by a CD, a workbook, a teacher's book with a CD and unit tests. Books 1-3 are also accompanied by word cards, picture flashcards and posters.

# COURSE DESIGN

## The design of this series has achieved:

- **A balance between authentic and modified language**
  All the oral and written materials have been modified and carefully selected to suit the students' level, so that a gradual development of the target language can be achieved.

- **A balance of focus on language and culture**
  This series provides ample opportunities for the students to experience the language and its culture in order to develop intercultural awareness and enrich their personal experience.

- **A balance between language knowledge and communication skills**
  Explicit knowledge of the target language is necessary and important for the students to achieve accuracy, fluency and overall communication skills. This series is designed to ensure that knowledge-based language learning is placed within a communicative context, resulting in the improvement of both linguistic knowledge and performance.

- **A balance between a broad and controlled course**
  This series serves as a core while offering a broad range of vocabulary, topics and various text types to meet the different needs of the students.

# 简介

- 《轻松学中文》 共八册，分为三个阶段。第一阶段为第一、二册；第二阶段为第三、四、五、六册；第三阶段为第七、八册。此套教材旨在帮助汉语为非母语的中、小学生奠定扎实的汉语学习基础。此目标是通过语言、话题和文化的自然结合，从词汇、汉语知识的学习及语言交流技能的培养两个方面来达到的。此套教材把汉语作为一个整体来教授，在教学过程中十分注重听、说、读、写四项交际技能的培养。

- 《轻松学中文》每册包括一本彩色课本（附一张CD），一本练习册，一本教师用书(附单元测验试卷及一张 CD)，1-3册还配有词语卡片、图卡和教学挂图。

# 课程设计

本套教材的课程设计力图达到：

- 地道语言与调整语言的平衡
  为了使学生的汉语程度能循序渐进地提高，本套教材中的口语及书面语都经过严谨的选择，并作过适当的调整。

- 语言与文化的平衡
  为了培养学生的多元文化意识，丰富他们的经历，本套教材为学生接触汉语及中国文化提供了各种各样的机会。

- 语言知识与交际能力的平衡
  为了能在听、说、读、写四项技能方面准确并流利地运用汉语，学生对语言知识的掌握不仅是重要的，而且也是必要的。本套教材把语言知识的学习与语言技能的培养巧妙地结合在一起，力求使学生在增加汉语知识的同时提高运用语言的能力。

- 扩展与控制的平衡
  本套教材不仅可以作为汉语教学的"主线"，而且所提供的大量词汇、话题及各式

- **A balance between the "oral speech" and the "written form"**
  This series aims to balance the importance of both oral and written communication skills. The development of writing skills is embedded in the course, while oral communication skills are being developed from the outset.

## This series covers:

- <u>Pinyin</u> is introduced to the students from the very beginning. The pinyin above the Chinese characters is gradually removed to ensure a smooth transition.

- <u>Chinese characters</u> are taught according to the character formation system. Once the students have a good grasp of radicals and simple characters, they will be able to analyze most of the compound characters they encounter, and to memorize new characters in a logical way.

- <u>Grammar and sentence structures</u> are explained in note form. The students are expected to use correct grammar and compound sentence structures in both oral and written forms to communicate when their overall level of Chinese has steadily improved over the years.

- <u>Dictionary</u> skills are taught once they have learned radicals and simple characters. The students are encouraged to use dictionaries whenever appropriate in order to become independent learners.

- <u>Typing</u> skills are taught when the students have learned some basic knowledge of Chinese.

- <u>Listening</u> practice is designed to help the students develop their ability to infer meanings of unfamiliar words and content.

- <u>Speaking</u> practice involves students using Chinese to communicate their thoughts spontaneously in real-life situations with accuracy and fluency.

- <u>Reading</u> skills are developed through regular reading of simple passages to suit the students' level. Gradually, they will develop skills and confidence when reading articles in newspapers, magazines or on the internet in order to expand their vocabulary and knowledge of modern China, and to get in touch with the current issues emerging within China and around the world.

- <u>Writing</u> skills are gradually developed through a process of guided writing on topics familiar to the students. Written tasks will become easier, as the students learn to organize their thoughts coherently and logically, and develop the skills to select appropriate vocabulary, sentence structures and genres to construct an effective written piece with accuracy and fluency.

各样的文体还可满足不同水平学生的需要。

- "语"与"文"的平衡
  本套教材力图使学生在口语及书面语两个方面同时提高。写作能力及口头交际能力的培养贯穿始终。

**本套教材所包括的内容有:**

- 拼音是初级阶段教学重点之一。附在汉字上面的拼音将逐渐取消以确保平稳过渡。

- 汉字是根据汉字的结构来教授的。学生一旦掌握了一定数量的偏旁部首和简单汉字,他们就有能力分析遇到的大部分合体字,并能有条理地记忆新汉字。

- 语法及句型是以注解的方式来解释的。经过几年有条不紊的学习,学生可望在口头及书面交流时运用正确的语法及复合句型。

- 查字典的技能是在学生学会了部分偏旁部首及简单汉字后才开始培养的。为了培养学生的独立学习能力,教师要经常鼓励学生自己查字典来完成某项功课。

- 打字技能的培养是在学生已经掌握了一些汉语基本知识后才开始的。

- 听力练习力图培养学生猜生字的意思及文章内容的能力。

- 口语练习设计旨在培养学生用准确、流利的汉语在现实生活中跟人即兴沟通、交流。

- 阅读练习旨在鼓励学生养成每天阅读简短篇章的习惯,从而帮助学生提高阅读能力,树立阅读信心。高年级阶段,学生可望读懂报纸、杂志及因特网上的简短文章,以便扩大词汇量,增加对现代中国的了解。

- 写作能力的培养需要一个长期的过程。学生先在教师的指导下写他们所熟悉的话题,直到能够运用适当的词汇、语句、体裁,有条理地、准确地、恰当地、有效地交流思想。

## The focus of each stage:

- Stage 1 (Books 1 and 2): ◆ pinyin ◆ strokes and stroke order ◆ the structures of Chinese characters ◆ tracing of characters ◆ radicals and simple characters ◆ dictionary skills ◆ typing skills ◆ listening skills ◆ speaking skills ◆ reading skills ◆ writing skills: guided written assignments around 100 characters

- Stage 2 (Books 3, 4, 5 and 6): ◆ radicals and simple characters ◆ formation of phrases ◆ expansion of vocabulary ◆ simple grammar and sentence structures ◆ dictionary skills ◆ typing skills ◆ classroon instruction in Chinese ◆ listening skills ◆ speaking skills ◆ reading skills ◆ writing skills: guided written assignments between 100-300 characters ◆ exposure to modern China and Chinese culture

- Stage 3 (Books 7 and 8): ◆ classroom instruction in Chinese ◆ expansion of vocabulary ◆ grammar and sentence structures ◆ dictionary skills ◆ typing skills ◆ listening and speaking skills through spontaneous interaction ◆ reading practice on a daily basis ◆ writing skills: independent written assignments between 300-500 characters ◆ exposure to modern China and its culture ◆ contemporary topics: current issues around the world

## 每个阶段的教学重点：

- 第一阶段（第一、二册）：◆ 拼音 ◆ 笔画和笔顺 ◆ 字形结构 ◆ 描红 ◆ 偏旁部首和简单汉字 ◆ 查字典 ◆ 打字 ◆ 听力 ◆ 口语 ◆ 阅读 ◆ 写作（100 个字左右）

- 第二阶段（第三、四、五、六册）：◆ 偏旁部首和简单汉字 ◆ 词语构成 ◆ 词汇扩展 ◆ 语法及句型结构 ◆ 查字典 ◆ 打字 ◆ 课堂用语 ◆ 听力 ◆ 口语 ◆ 阅读 ◆ 写作(100-300 字) ◆ 接触现代中国和中国文化

- 第三阶段（第七、八册）：◆ 课堂用语 ◆ 词汇扩展 ◆ 语法及句型结构 ◆ 查字典 ◆ 打字 ◆ 听力 ◆ 口语 ◆ 阅读 ◆ 独立写作(300-500 字) ◆ 时事

# COURSE LENGTH

- This series is designed for non-Chinese background students at both primary and secondary levels. Book 1 starts with basic knowledge of Chinese. Students at primary 5 or 6, or Year 7 students at secondary level can start with Book 1.

- With three periods, of approximately three hours per week, most students will be able to complete one book within one academic year. As the 8 books of this series are continuous and ongoing, each book can be taught within any time span.

# 课程进度

- 本套教材为非华裔中、小学生编写。因为第一册从最基本的汉语知识教起，所以学生不需要有任何汉语知识背景。学生可以从小学五、六年级开始使用第一册，也可以从中学一年级开始使用第一册。

- 如果每星期上三节课，每节课在一小时左右，大部分学生可在一年之内学完一册。如果有些学生学得比较快，他们可以加快进度，不到一年就学完一册书。由于本套教材是连贯的，老师可以在任何时段内根据学生的水平来决定教学进度。

# HOW TO USE THIS BOOK

**Here are a few suggestions as how to use this book:**

**The teacher should:**

- Go over with the students the phonetics exercises in the textbook. At a later stage, the students should be encouraged to pronounce new pinyin on their own.

- Emphasizes the importance of learning the basic strokes and the stroke order of characters.

- Guide the students to analyze new characters and encourage them to use their imagination to aid memorization.

- Expect the students to memorize all the radicals and simple characters they have learned. The students should be encouraged to memorize as many characters as possible in each lesson.

- Create opportunities for the students to practise their dictionary and typing skills.

- Provide every opportunity for the students to develop their listening and speaking skills during class time. A variety of speaking exercises included in the textbook can be modified according to the students' ability.

- Skip, modify or extend some exercises according to the students' levels. A wide variety of exercises in both textbook and workbook can be used for class work or homework.

The texts for each lesson, the audio and phonetic exercises are on the CD attached to the textbook. The symbol indicates the track number, for example, is track one.

Yamin Ma
July 2006, Hong Kong

# 怎样使用本册教材

以下是使用本册教材的一些教学建议，仅供教师参考。建议教师：

- 领着学生做课本里的语音练习，通过一段时间的练习，教师应尽量鼓励学生独立地发那些没有教过的拼音。

- 注重教汉字的基本笔画和笔顺。

- 带领学生分析新汉字，并鼓励学生用想象力帮助记汉字。

- 要求学生记住学过的所有偏旁部首和简单汉字。教师也应该鼓励学生尽量多记合体字。

- 为学生创造各种实践机会，提高他们打字及查字典的技能。

- 在课堂上尽量创造机会培养并提高学生的听、说能力。课本里不同类型的口语练习，可以根据学生的汉语水平作适当改动。

- 根据学生的能力及水平挑选、修改或扩展某些练习。课本及练习册里的练习可以在课堂上做，也可以让学生带回家做。

每一课的课文、听力及语音练习的录音都附在 CD 里。课本录音部分均附有标记和轨迹编号，例如， 表示轨迹 1。

马亚敏
2006 年 7 月于香港

# CONTENTS 目录

**Unit 1** Lesson 1 Pinyin, Basic Strokes 拼音、基本笔画 1
Lesson 2 Pinyin, Numbers 拼音、数字 6
Lesson 3 Greetings 问候 14

**Unit 2** Lesson 4 Dates 日期 22
Lesson 5 Age 年龄 30
Lesson 6 Telephone Numbers 电话号码 38

**Unit 3** Lesson 7 Family Members 家庭成员 46
Lesson 8 Self-introduction 自我介绍 54
Lesson 9 Occupation 职业 62

**Unit 4** Lesson 10 Time 时间 70
Lesson 11 Daily Routine 日常起居 78
Lesson 12 Means of Transport 交通工具 86

**Unit 5** Lesson 13 Colours 颜色 96
Lesson 14 Clothing 穿着 104
Lesson 15 Parts of the Body 人体部位 114

**Listening Scripts** 听力录音稿 124

# Unit 1

Text 1

① Vowels:

a o e i u ü

② Consonants:

| b | p | m | f |
|---|---|---|---|
| d | t | n | l |
| g | k | h | |
| j | q | x | |
| zh | ch | sh | r |
| z | c | s | y | w |

③ Tones:

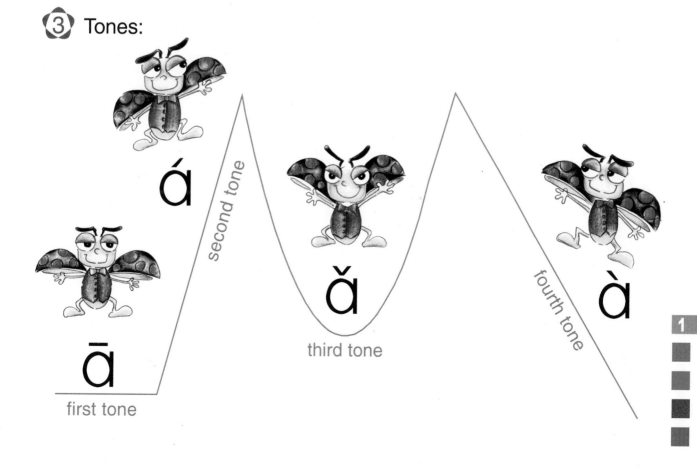

á

second tone

ǎ

ā

first tone

third tone

fourth tone

à

1

## 1 Read aloud.

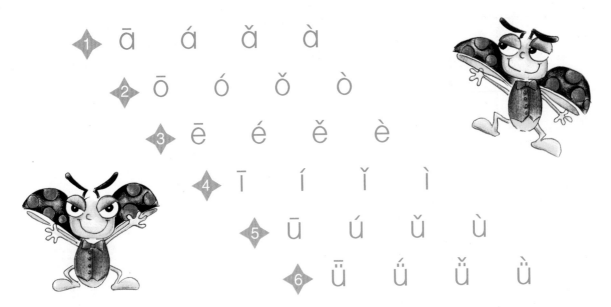

1. ā á ǎ à
2. ō ó ǒ ò
3. ē é ě è
4. ī í ǐ ì
5. ū ú ǔ ù
6. ǖ ǘ ǚ ǜ

## 2 Listen and circle the correct pinyin.

1. (ā) à
2. ó ǒ
3. ī í
4. ǔ ù
5. é è
6. ù ú
7. ī ǖ
8. ó é

## 3 Group work. Try to pronounce them correctly.

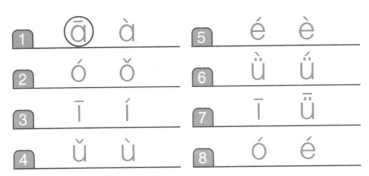

1. bā bá bǎ bà
2. bō bó bǒ bò
3. mī mí mǐ mì
4. fū fú fǔ fù

| Practice Focus |
|---|
| b p m f |

## Basic Strokes

1.
diǎn

2.
héng

3.
shù

4.
piě

5.
nà

6.
tí

7.
zhé

8.
gōu

**4** Name the highlighted stroke of each character.

1.
diǎn

2.

3.

4.

5.

6.

7.

8.

9.

10.

3

 **Listen and circle the correct pinyin.**

1. pī  pí

2. mǔ  mú

3. fǎ  fà

4. bǐ  bì

5. pó  pò

6. bù  pù

7. mī  mí

8. bà  bǎ

9. mā  mà

10. fù  fú

---

**Group work. Try to pronounce them correctly.**

1. bàba

2. yéye

3. māma

4. dìdi

5. shūshu

6. lǎba

7. shāzi

8. lǐzi

9. gūgu

10. bízi

11. dízi

12. shīzi

| NOTE |
| --- |
| 1. The tonal marks are placed on the vowels, e.g. bà mǔ |
| 2. Some words have neutral tones, so no tonal marks are needed, e.g. bàba māma |

## 7 Listen and add a tonal mark to the pinyin.

1. bà

2. bu

3. bi

4. pi

5. pa

6. mu

7. mo

8. mi

9. pu

10. fa

11. fu

12. bo

## 8 Name each stroke.

1.
héng

2.

3.

4.

5.

6.

7.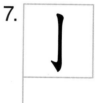

8.

## 9 Listen and write down the pinyin with tonal marks.

1. pī

2. 

3. 

4. 

5. 

6. 

7. 

8. 

9.

# Unit 1

Text 1

1 ai ei ui

2 ao ou iu

3 ie üe er

4 an en in un ün

5 ang eng ing ong

**1** Group work. Try to pronounce them correctly.

| 1 | dī | dí | dǐ | dì |
|---|----|----|----|----|
| 2 | tā | | tǎ | tà |
| 3 | nū | nú | nǔ | nù |
| 4 | lī | lí | lǐ | lì |

Practice Focus

d t n l

| 5 | nǚ | nǔ | lǚ | lǔ |
|---|----|----|----|----|
| 6 | lǜ | lù | lǘ | lú |
| 7 | bā | pá | mǎ | pà |
| 8 | dā | tā | nā | lā |

**2** Listen and tick if true, cross if false.

1. dì　✗　　2. mǔ　✓　　3. nǔ　✓　　4. lí　✗

5. bū　✓　　6. pù　✗　　7. mò　✗　　8. fó　✓

## 3 Name each stroke.

1.
diǎn

2.
héng

3.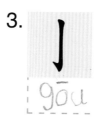
gōu

4.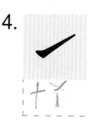
tí

5.
piě

6.
zhé

7.
shù

8.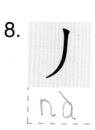
nà

## 4 Listen and circle the correct pinyin.

 1. dà dá

 2. lè là

 3. tǐ dǐ

 4. nù nú

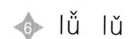 5. mǐ nǐ

 6. lǔ lǚ

 7. nǔ nǚ

8. dā tā

9. dé tè

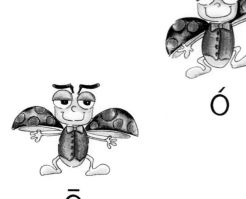
ō

ó

ǒ

ò

 yī 一

 èr 二

 sān 三

 sì 四

 wǔ 五

 liù 六

 qī 七

 bā 八

 jiǔ 九

 shí 十

## New Words

1. yī 一 one
2. èr 二 two
3. sān 三 three
4. sì 四 four
5. wǔ 五 five
6. liù 六 six
7. qī 七 seven
8. bā 八 eight
9. jiǔ 九 nine
10. shí 十 ten

## 5 Learn the rules of writing characters.

**Rule 1:**
First write a horizontal stroke, then a vertical one.

**Rule 2:**
Write strokes from top to bottom.

**Rule 3:**
First write the strokes on the left and then those on the right.

**Rule 4:**
First write the strokes in the middle and then those on both sides.

**Rule 5:**
Write the strokes from outside to inside before completing the character.

## 6 Number the strokes in order of sequence.

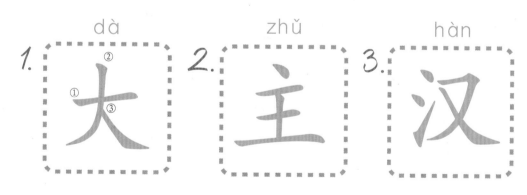

1. dà    2. zhǔ    3. hàn

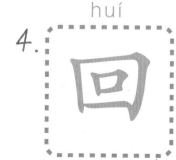

4. huí    5. shuǐ

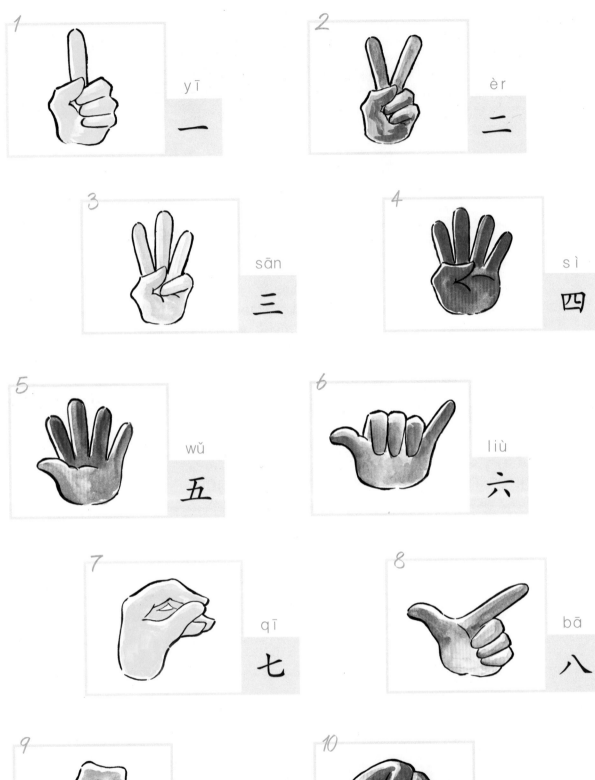

1     yī     一

2     èr     二

3     sān     三

4     sì     四

5     wǔ     五

6     liù     六

7     qī     七

8     bā     八

9     jiǔ     九

10     shí     十

## 8 Count the strokes of each character.

1. liù 六 ( 4 )
2. bā 八 ( )
3. sì 四 ( )
4. shí 十 ( )
5. jiǔ 九 ( )
6. wǔ 五 ( )

## 9 Write the pinyin for each number.

1. 二 èr _____
2. 四 _____
3. 七 _____
4. 三 _____
5. 六 _____
6. 九 _____
7. 五 _____
8. 一 _____
9. 十 _____
10. 八 _____

## 10 Activity.

### INSTRUCTIONS

1 The whole class may join the activity.

2 The teacher says a number in English, and the students are expected to say it in Chinese.

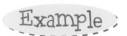

Teacher: Five

Students: wǔ 五

### Extra Words

a) shí yī 十一    eleven

b) shí jiǔ 十九    nineteen

c) èr shí 二十    twenty

d) èr shí wǔ 二十五    twenty-five

e) jiǔ shí jiǔ 九十九    ninety-nine

## 11 Listen and write down the vowels with tonal marks.

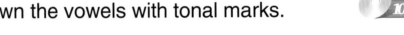

1 | nā

2 | l

3 | n

4 | p

5 | l

6 | t

7 | l

8 | d

9 | b

10 | m

11 | f

12 | m

## 12 Group work. Try to pronounce them correctly.

| | |
|---|---|
| 1. bái | 6. liú |
| 2. péi | 7. liě |
| 3. tuí | 8. nüè |
| 4. dǎo | 9. ěr |
| 5. móu | 10. pán |

| | |
|---|---|
| 11. mèn | 16. mìng |
| 12. mín | 17. nóng |
| 13. lún | 18. jiǔ |
| 14. bāng | 19. duì |
| 15. péng | 20. qíng |

### NOTE

**The position of tonal marks**

1. The tonal mark is placed on the vowel, e.g.
   bà jūn mín lěng

2. When there are two vowels, the tonal mark is placed on the earlier vowel in the sequence of: a o e i u ü , e.g.
   duō lái hòu xiě

3. When i u appear together, the tonal mark is placed on the last vowel, e.g.
   zhuì liú

## 13 Listen and add a tonal mark to the pinyin.

| 1 | mǔ | 2 | nü | 3 | lu |
|---|---|---|---|---|---|
| 4 | ni | 5 | le | 6 | la |
| 7 | lü | 8 | lü | 9 | pa |

## Lesson 3   Greetings   问候

Text 1

①

nín hǎo
您好!

nǐ hǎo
你好!

②

zài jiàn
再见!

zài jiàn
再见!

## New Words

1. 您 nín   you (respectfully)

2. 好 hǎo   good; well

   您好 nín hǎo   hello

3. 你 nǐ   you

4. 再 zài   again

5. 见(見) jiàn   see

   再见 zài jiàn   good-bye

14

## 1 Group work. Try to pronounce them correctly.

1. gē    gé    gě    gè
2. kū          kǔ    kù
3. hā    há    hǎ    hà
4. gāi    gěi    guì    gǎo

**Practice Focus**

g    k    h

5. kǒu    kǎn    kěn    kūn
6. hūn    háng    héng    hǒng
7. gōng    nóng    máng    píng
8. lüè    niú    miè    lóu

## 2 Say the Chinese numbers.

1. wǔ

五

2. bā

八

3. liù

六

4. sān

三

5. shí
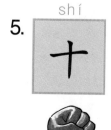
十

6. sì

四

7. qī
七

8. jiǔ
九

Make a dialogue according to the pictures.

## 4 Count the strokes of each character.

1. jiǔ  九  2  2. sì  四  3. nǐ  你  4. hǎo  好

5. zài  再  6. wǔ  五  7. jiàn  见  8. nín  您

## 5 Listen and circle the correct pinyin.

13

| 1 | duì | diū |
| 2 | gěi | gāi |
| 3 | gòu | kòu |
| 4 | rì | rè |
| 5 | qì | chì |
| 6 | lǎo | rào |
| 7 | shé | sè |

| 8 | yáng | yǒng |
| 9 | níng | néng |
| 10 | léi | lái |

## 6 Activity.

Example

Teacher : tián 田

Student 1 : wǔ 五

Student 2 : liù 六

### INSTRUCTIONS

1  The class is divided into two groups.

2  The teacher shows a particular character, and one member of each group counts the strokes.

3  The first person to shout out the correct answer gains one point.

17

## New Words

1. 叫 jiào  call
2. 什么(麼) shén me  what
3. 名 míng  name
4. 字 zì  character; word
5. 名字 míng zi  name
6. 我 wǒ  I; me
7. 小 xiǎo  small
8. 月 yuè  moon; month
9. 大 dà  big
10. 生 shēng  be born; student

18

## •7 Number the strokes in order of sequence and count the strokes.

1. dà 大 3

2. nǐ 你

3. míng 名

4. zì 字

5. wǒ 我

6. yuè 月

7. shēng 生

8. jiào 叫

## •8 Listen and tick the correct answers.

1
a) 你好!
b) 您好!

2
a) 再见!
b) 你好!

3
a) 我叫小月。
b) 你叫小月。

## •9 Listen and write down the vowels with tonal marks.

1. gē    2. k    3. h    4. t

5. n    6. m    7. f    8. l

9. b    10. p    11. d    12. h

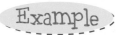

**10** Make a dialogue according to the pictures.

Example

A: tā jiào shén me míng zi
他叫什么名字？

B: tā jiào dà míng
他叫大明。

dà míng
大明

**Extra Words**

a) tā 他 he; him

b) tā 她 she; her

1  dà lì
大力

2  xiǎo yuè
小月

3  tiān yī
天一

4  tián tian
田田

5  fāng fang
方方

6  máo mao
毛毛

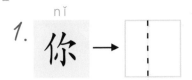

**11** Learn the structures of the characters.

nǐ
1. 你 →

xiāng
2. 香 →

nín
3. 您 →

xiè
4. 谢 →

zì
5. 字 →

hēi
6. 黑 →

hái
7. 还 →

lǎo
8. 老 →

shī
9. 师 →

*It is your turn!*

míng
1. 名 →

jiào
2. 叫 →

jiā
3. 家 →

nǎ
4. 哪 →

lián
5. 连 →

tā
6. 他 →

**12** Group work. Try to pronounce them correctly.

1. bà     dì     gē
2. hé     nǔ     lǜ
3. mǔ     fà     pó
4. fáng     lěng     pīng

5. tā     kè     lè
6. hòng     tóng     qíng
7. bó     mā     nǐ
8. tún     miè     lái

# Unit 2

Text 1

① 
| yī yuè 一月 | èr yuè 二月 | sān yuè 三月 | sì yuè 四月 |
|---|---|---|---|

wǔ yuè
五月

liù yuè
六月

qī yuè
七月

bā yuè
八月

jiǔ yuè
九月

shí yuè
十月

shí yī yuè
十一月

shí èr yuè
十二月

22

②

xīng qī yī
## 星期一 one

xīng qī èr
## 星期二

xīng qī sān
## 星期三

xīng qī sì
## 星期四

xīng qī wǔ
## 星期五

xīng qī liù
## 星期六

## New Words

yī yuè
1. 一月 January

xīng qī yī
星期一 Monday

xīng
2. 星 star

tiān
4. 天 the sky; day

qī
3. 期 a period of time

rì
5. 日 sun; day

xīng qī
星期 week

xīng qī tiān rì
星期天／日 Sunday

xīng qī tiān rì
## 星期天（日）day

# 1 Count the strokes of each character.

1. 星 9    xīng
2. 期    qī
3. 天    tiān
4. 日    rì

5. 月    yuè
6. 大    dà
7. 我    wǒ
8. 你    nǐ

# 2 Say the Chinese numbers.

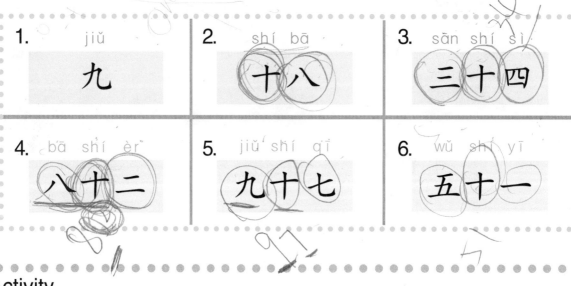

| | | |
|---|---|---|
| 1. jiǔ 九 | 2. shí bā 十八 | 3. sān shí sì 三十四 |
| 4. bā shí èr 八十二 | 5. jiǔ shí qī 九十七 | 6. wǔ shí yī 五十一 |

# 3 Activity.

Example

Teacher: January

Student 1: 一月 (yī yuè)

Student 2: 二月 (èr yuè)

## INSTRUCTIONS

1 The class is divided into two groups.

2 The teacher says the month in English, and one member from each group is expected to say it correctly in Chinese.

3 The person who is the first to shout out the correct answer gains one point.

# 4 Listen and tick if true, cross if false.

| 1 | jī ☐ | 7 | kù ☐ |
|---|---|---|---|
| 2 | qú ☐ | 8 | gǔ ☐ |
| 3 | xī ☐ | 9 | jù ☐ |
| 4 | qí ☐ | 10 | gǔ ☐ |
| 5 | gē ☐ | 11 | xū ☐ |
| 6 | hù ☐ | 12 | yún ☐ |

**Practice Focus**

| j | q | x |
|---|---|---|

**NOTE**

j q x or y never occurs with ü. When j q x or y occurs with ü, the two dots are omitted, e.g.

ju   qu   xu   yu

# 5 Learn the radicals.

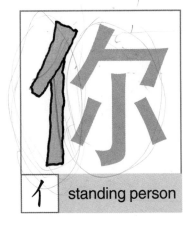

亻 standing person

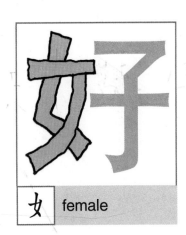

女 female

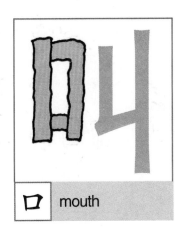

口 mouth

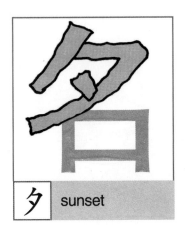

夕 sunset

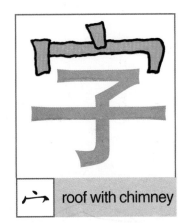

宀 roof with chimney

心 heart

25

① 

jīn nián shì èr líng líng liù nián
今年是二〇〇六年。

jīn tiān èr yuè liù hào rì
今天二月六号（日）。

jīn tiān xīng qī yī
今天星期一。

zuó tiān xīng qī jǐ
昨天星期几？

② 

xīng qī sān
星期三。

míng tiān jǐ hào
明天几号？

shí wǔ hào
十五号。

## New Words

1. 今 *jīn* now; today
   今天 *jīn tiān* today

2. 年 *nián* year
   今年 *jīn nián* this year

3. 是 *shì* be

4. 号(號) *hào* number

5. 昨 *zuó* yesterday
   昨天 *zuó tiān* yesterday

6. 几(幾) *jǐ* how many

7. 明 *míng* bright; next
   明天 *míng tiān* tomorrow

**6** Say a few sentences according to the pictures.

January 1
Sunday
2006

**Example**

今年是二〇〇六年。
*jīn nián shì èr líng líng liù nián*

今天一月一号。
*jīn tiān yī yuè yī hào*

今天星期日。
*jīn tiān xīng qī rì*

**NOTE**

〇 is pronounced as *líng*, e.g.

二〇〇六年

1

August 18
Thursday
2005

2

December 25
Monday
2000

3

March 7
Friday
1997

4

June 10
Sunday
2007

## 7 Name each stroke.

1. ` 、 `
diǎn

2. ` ｜ `

3. ` ノ `

4. ` ✓ `

5. ` ＼ `

6. ` 一 `

7. ` ⟍ `

8. ` ⺄ `

## 8 Activity.

Teacher: 三 sān

Students:

| | INSTRUCTIONS |
|---|---|
| 1 | The whole class may join the activity. |
| 2 | The teacher says a number, and the students are expected to show it with the proper sign. |

## 9 Listen and circle the correct pinyin.  20

1. jī    qī
2. qù    xù
3. xī    tī
4. jì    dì
5. bó    pó
6. mǎ    nǎ

7. dà    là
8. nǚ    jǔ
9. jiě    qiě
10. què    qiè
11. xiǎo    jiǎo
12. xiū    qiū

28

## 10 Make a dialogue according to the pictures.

三月五日
星期一

三月六日
星期二
今天

Example

jīn tiān xīng qī  jǐ
A：今天星期几？
xīng qī èr
B：星期二。
zuó tiān jǐ yuè jǐ hào
A：昨天几月几号？
sān yuè wǔ hào
B：三月五号。

二月十四日
星期二

二月十五日
星期三　今天

1

2

四月五日
星期三　今天

四月六日
星期四

3

4

五月三十一日
星期三　今天

六月一日
星期四

九月二十三日
星期六

九月二十四日
星期天　今天

# Unit 2

Text 1

wǒ zài　yī jiǔ jiǔ èr nián
我(在)一九九二年
chū shēng　wǒ de shēng rì
出生。我的生日
shì sān yuè shí hào
是三月十号。

## New Words

zài
1. 在　in; on

chū
2. 出　go or come out
chū shēng
出生　be born

de
3. 的　of; 's

shēng rì
4. 生日　birthday

## 1 Answer the following questions.

nǐ jiào shén me míng zi
1. 你叫什么名字？

nǐ de shēng rì shì jǐ yuè jǐ hào
2. 你的生日是几月几号？

jīn tiān jǐ yuè jǐ hào
3. 今天几月几号？

jīn tiān xīng qī jǐ
4. 今天星期几？

zuó tiān jǐ yuè jǐ hào
5. 昨天几月几号？

míng tiān xīng qī jǐ
6. 明天星期几？

## 2 Speaking practice.

Monday
May 1, 2006

Example

jīn tiān shì  èr líng líng liù nián
今天是二〇〇六年
wǔ yuè yī hào  xīng qī yī
五月一号，星期一。

1
Tuesday
June 5,1990

2
Sunday
July 16, 2000

3
Wednesday
January 4, 2006

4
Friday
August 17, 2007

5
Thursday
February 5,1998

6
Saturday
November 16, 2002

## 3 Listen and tick if true, cross if false.

1 zhì ☒     2 chū ☑     3 shū ☒

4 rù ☒      5 jǐ ☑      6 qū ☒

7 xǐ ☑      8 lǜ ☒      9 zhuī ☒

10 chuō ☒   11 shuí ☑   12 ròu ☑

Practice Focus

zh ch sh r

31

## 4 Answer the following questions according to the calendar.

| | | | | | | 九月 |
|---|---|---|---|---|---|---|
二〇〇六年 | | | | | | |
| 星期日 | 星期一 | 星期二 | 星期三 | 星期四 | 星期五 | 星期六 |
| | | | | | 1 | 2 今天 |
| 3 | 4 | 5 | 6 | 7 | 8 | 9 |
| 10 | 11 | 12 | 13 | 14 | 15 | 16 |
| 17 | 18 | 19 | 20 | 21 | 22 | 23 |
| 24 | 25 | 26 | 27 | 28 | 29 | 30 |

jīn tiān jǐ yuè jǐ hào　　jīn tiān xīng qī jǐ
1. 今天几月几号？今天星期几？

zuó tiān jǐ yuè jǐ hào　　zuó tiān xīng qī jǐ
2. 昨天几月几号？昨天星期几？

míng tiān jǐ yuè jǐ hào　　míng tiān xīng qī jǐ
3. 明天几月几号？明天星期几？

## 5 Number the strokes in order of sequence.

| zài | jiàn | zì | xīng |
|---|---|---|---|
| 1.  | 2. 见 | 3. 字 | 4. 星 |

| nián | wǒ | zài | de |
|---|---|---|---|
| 5. 年 | 6.  | 7.  | 8.  |

# **6** Speaking practice.

Thursday
(今天)

jīn tiān xīng qī sì
今天星期四。

1

小月

2

3

May 10
(今天)

4

5
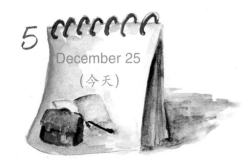

December 25
(今天)

**7** Learn the radicals.

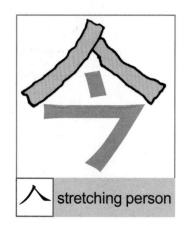
人 stretching person

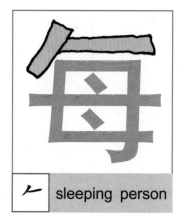
亻 sleeping person

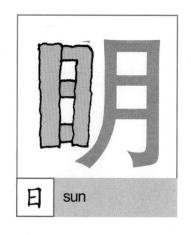
日 sun

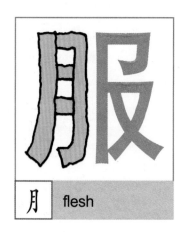
月 flesh

山 mountain

王 jade

**8** Listen and write down the vowels with tonal marks.

zhā

| 1 | zhā | 2 | chǎ | 3 | shì |
|---|-----|---|-----|---|-----|
| 4 | rè | 5 | gǔ | 6 | kù |
| 7 | jī | 8 | qǐ | 9 | zhuì |
| 10 | chǒu | 11 | shuó | 12 | ruò |

34

●小文，九岁 ●王星，十三岁

wáng xīng duō dà le
王星多大了？

tā shí sān suì le
他十三岁了。

xiǎo wén jǐ suì le
小文几岁了？

tā jiǔ suì le
她九岁了。

## New Words

wáng
1. 王 king; a surname

duō
2. 多 many; much

duō dà
多大 how old

le
3. 了 particle

tā
4. 他 he; him

wén
5. 文 culture; civilization

suì
6. 岁（歲）year (of age)

jǐ suì
几岁 how old

tā
7. 她 she; her

Example

tā jǐ suì le
A: 他几岁了?

tā wǔ suì le
B: 他五岁了。

wǔ suì
五岁

| NOTE |
| --- |
| 1. 多大 is often used to ask the age of a young person who is over 10 . |
| 2. 几岁 is often used to ask a person who is under 10 . |

*1*

shí sān suì
十三岁

*2*

sì shí suì
四十岁

*3*

sān shí wǔ suì
三十五岁

*4*

sān suì
三岁

*5*

jiǔ suì
九岁

*6*

qī suì
七岁

**10** Listen and fill in the blanks with relevant information.

*1*

_____ 出生

生日 _____

今年 _____

*2*

_____ 出生

生日 _____

今年 _____

*3*

_____ 出生

生日 _____

今年 _____

**11** Listen and add a tonal mark to the pinyin.

| 1 | zhā | 2 | shi | 3 | chi | 4 | ru |

| 5 | jiu | 6 | qi | 7 | xu | 8 | ge |

| 9 | cui | 10 | wen | 11 | duo | 12 | you |

**12** Complete the sentences according to the calendar.

二〇〇六年

二月十三日
星期一

二月十五日
星期三

二月十四日
星期二

jīn tiān
1. 今 天 _____

zuó tiān
2. 昨 天 _____

míng tiān
3. 明 天 _____

37

Text  1  27

nǐ jiā de diàn huà hào
你家的电话号
mǎ shì duō shao
码是多少？

èr liù sān bā
二六三八
yāo jiǔ líng ·qī
一九〇七。

## New Words

1. 家 jiā  family; home
2. 电(電) diàn  electricity
3. 话(話) huà  word; talk

  电话 diàn huà  telephone
4. 码(碼) mǎ  number
  号码 hào mǎ  number

5. 少 shǎo  few; little
  多少 duō shao  how many; how much

38

# 1 Speaking practice.

**Example**

tā   de diàn huà hào mǎ shì
他的电话号码是
sān líng qī liù  liù wǔ sì sān
三〇七六六五四三。

1

2832
0147

2
2535
4820

3

3364
2019

4
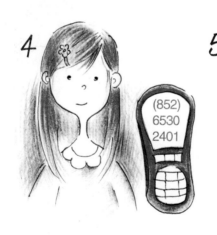
(852)
6530
2401

5

9726
3708

6

3521
6170

7

9830
4613

39

**2** Listen and circle the correct pinyin.

1  (zǐ)  zì

2  cū  (cù)

3  (sū)  sù

4  zhī  (zī)

5  cí  chí

6  shǐ  (sǐ)

7  (cè)  kè

8  chǐ  (qǐ)

9  suì  (cuì)

Practice Focus

z  c  s

**3** Speaking practice.

nǐ hǎo
你好！

nǐ hǎo
你好！

nǐ jiào shén me míng zi
你叫什么名字？

wáng xiǎo tiān
王小天。

nǐ duō dà le
你多大了？

shí yī suì
十一岁。

nǐ jiā de diàn huà hào mǎ shì duō shao
你家的电话号码是多少？

2554 6031。

*It is your turn!*

Make a similar dialogue
with your partner.

## 4 Activity.

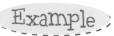

Teacher: New Year's Day

Students: 一月一号
yī yuè yī hào

<table>
<tr><td colspan="2">INSTRUCTIONS</td></tr>
<tr><td>1</td><td>The whole class may join the activity.</td></tr>
<tr><td>2</td><td>The teacher says a special day of the year in English, and then the students say the date in Chinese.</td></tr>
</table>

## 5 Learn the radicals.

讠 speech

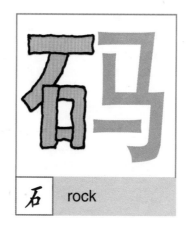

石 rock

⺌(小) small

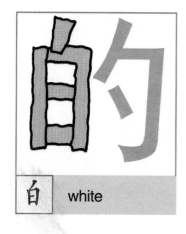

白 white

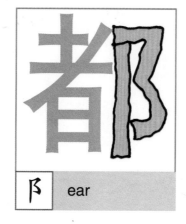

阝 ear

纟 silk

41

nǐ zhù zài nǎr
你住在哪儿?

wǒ zhù zài běi jīng
我住在北京。

## New Words

1. 住 zhù live
2. 哪 nǎ which; what
3. 儿(兒) ér suffix
   哪儿 nǎr where
4. 北京 běi jīng Beijing

## **6** Speaking practice.

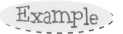

tā    jiào  wáng zhōng hé
她 叫 王 中 和。
tā    jīn  nián  shí sān suì
她 今 年 十 三 岁。
tā    jiā   de  diàn huà hào
她 家 的 电 话 号
mǎ   shì  wǔ  èr   qī  líng
码 是 五 二 七 〇
jiǔ   yāo  bā  sān
九 一 八 三。

*It is your turn!*

Introduce three of your classmates.

## **7** Listen and write down the vowels with tonal marks.

| 1 | zé | 2 | c | 3 | s | 4 | r |
|---|----|----|---|---|---|---|---|

| 5 | j | 6 | q | 7 | g | 8 | c |
|---|----|----|---|---|---|---|---|

## **8** Say the Chinese numbers according to the patterns.

*1*
yī   sān   wǔ                                    sì  shí  jiǔ
一、三、五 •••••••••••••• 四 十 九

*2*
èr    sì   liù                                      wǔ  shí
二、四、六 •••••••••••••• 五 十

43

## 9 Make a dialogue according to the pictures.

北京

### Example

A: tā zhù zài nǎr
他住在哪儿？

B: tā zhù zài běi jīng
他住在北京。

### Extra Words

a) shàng hǎi 上海　Shanghai
b) lún dūn 伦敦　London
c) dōng jīng 东京　Tokyo
d) niǔ yuē 纽约　New York
e) bā lí 巴黎　Paris
f) xiāng gǎng 香港　Hong Kong

*1*··· 纽约

*2*··· 巴黎

*3*··· 伦敦

*4*··· 上海

*5*··· 东京

*6*··· 香港

**10** Listen and tick if true, cross if false.

**11** Draw the structure of each character.

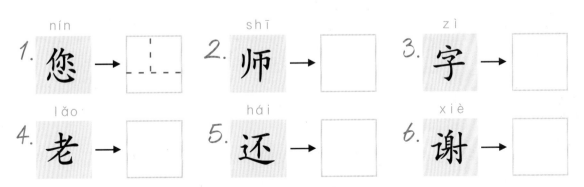

nín
1. 您 →

shī
2. 师 →

zì
3. 字 →

lǎo
4. 老 →

hái
5. 还 →

xiè
6. 谢 →

45

## Lesson 7    Family Members    家庭成员

Text 1  32

wǒ jiào wáng xīng
我 叫 王 星。
wǒ jīn nián shí èr
我 今 年 十 二
suì     wǒ jiā yǒu
岁 。 我 家 有
wǔ kǒu rén     bà
五 口 人 : 爸
ba         mā ma
爸 、 妈 妈 、
gē ge     jiě jie
哥 哥 、 姐 姐
hé wǒ
和 我 。

## New Words

1. 有 yǒu  have; there be

2. 口 kǒu  mouth; measure word

3. 人 rén  person

4. 爸 bà  dad; father

5. 妈(媽) mā  mum; mother

妈妈 mā ma  mum; mother

6. 哥 gē  elder brother

爸爸 bà ba  dad; father

哥哥 gē ge  elder brother

7. 姐 jiě  elder sister

姐姐 jiě jie  elder sister

8. 和 hé  and

46

年 家 岁

## 1 Say the following in Chinese.

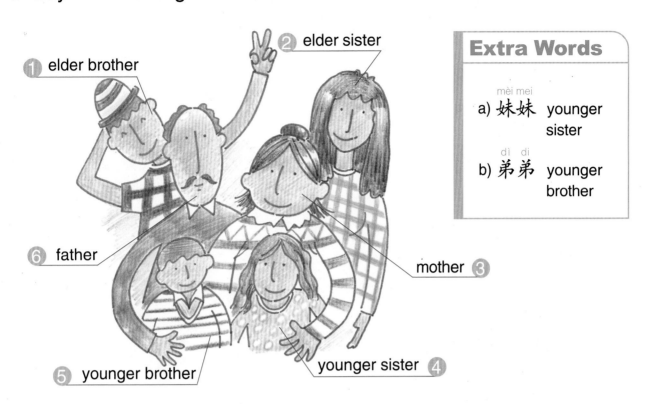

① elder brother
② elder sister
③ mother
④ younger sister
⑤ younger brother
⑥ father

### Extra Words

a) 妹妹 mèi mei  younger sister

b) 弟弟 dì di  younger brother

## 2 Listen and tick if true, cross if false.

1 ☐   ☐ 2

3 ☐   ☐ 4

2574 0018

# 3 Speaking practice.

Example

wǒ jiā yǒu sān kǒu
我 家 有 三 口
rén bà ba mā
人：爸 爸、妈
ma hé wǒ wǒ jiā
妈 和 我。我 家
zhù zài xiāng gǎng
住 在 香 港。

## NOTE

1. 口 is a measure word, e.g.
   我家有三口人。

2. The punctuation "、" is used in Chinese to list a string of nouns, etc., e.g.
   爸爸、妈妈和我。

1

2

3

4

5

6

## 4 Dictionary skills.

### It is your turn!

Look up the characters below in a Chinese dictionary, and write down their meanings.

| | | | |
|---|---|---|---|
| shuí | | nà | |
| **1** 谁 _____ | | **4** 那 _____ | |
| zhè | | xiōng | |
| **2** 这 _____ | | **5** 兄 _____ | |
| xué | | jí | |
| **3** 学 _____ | | **6** 级 _____ | |

### NOTE

**Look up a character with pinyin in a Chinese dictionary.**

1. You look up a character using pinyin in a Chinese dictionary in a similar way that you would look up an English word in an English dictionary.

2. The only difference is that Chinese characters have four tones (some have neutral tones). The order of the tones is first, second, third, fourth and neutral.

3. If you want to look up 我 (wǒ), turn to the page with wo, find the third tone wǒ, and you will see the character 我 (wǒ), which means "I; me".

## 5 Learn the radicals.

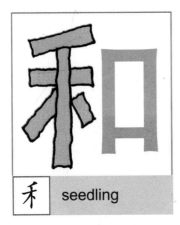

禾 seedling

父 father

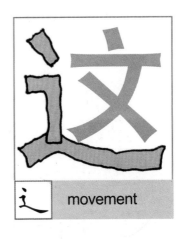

辶 movement

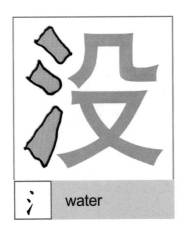

氵 water

羊(⺶) sheep

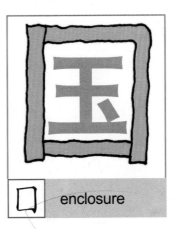

囗 enclosure

49

nǐ jiā yǒu jǐ kǒu rén
你家有几口人？

wǔ kǒu rén
五口人。

nǐ jiā yǒu shuí
你家有谁？

bà ba mā ma dì di
爸爸、妈妈、弟弟、
mèi mei hé wǒ
妹妹和我。

zhè ge rén shì shuí
这个人是谁？

wǒ mèi mei
我妹妹。

nà ge rén shì shuí
那个人是谁？

wǒ dì di
我弟弟。

## New Words

shuí
1. 谁(誰) who

dì
2. 弟 younger brother

dì di
弟弟 younger brother

mèi
3. 妹 younger sister

mèi mei
妹妹 younger sister

zhè
4. 这(這) this

gè
5. 个(個) measure word

nà
6. 那 that

50

# 6 Continue to carry out the dialogue.

zhè ge rén shì shuí
这个人是谁？

nà ge rén shì shuí
那个人是谁？

tā jiào wáng tiān yī
她叫王天一。

Example

wáng tiān yī
王天一

1
jiā wén
家文

2
máo mao
毛毛

3
dà lì
大力

4
dà míng
大明

5
nián nian
年年

6
fāng fang
方方

51

**7** Listen and add a tonal mark to the pinyin.

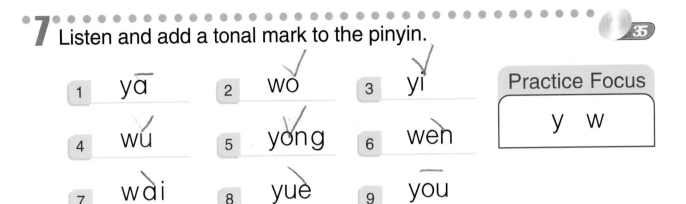

| 1 | yā |
|---|---|
| 2 | wǒ |
| 3 | yǐ |
| 4 | wú |
| 5 | yǒng |
| 6 | wèn |
| 7 | wài |
| 8 | yuè |
| 9 | yōu |

Practice Focus

y w

**8** Group work. Try to pronounce them correctly.

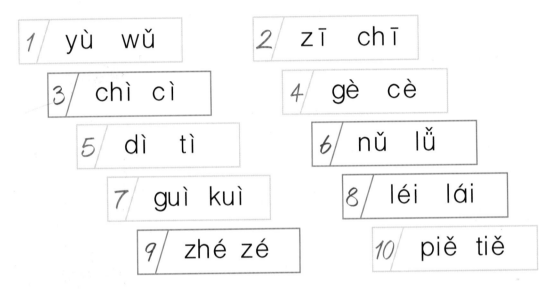

1 yù wǔ
2 zī chī
3 chì cì
4 gè cè
5 dì tì
6 nǔ lǔ
7 guì kuì
8 léi lái
9 zhé zé
10 piě tiě

**9** Number the strokes in order of sequence.

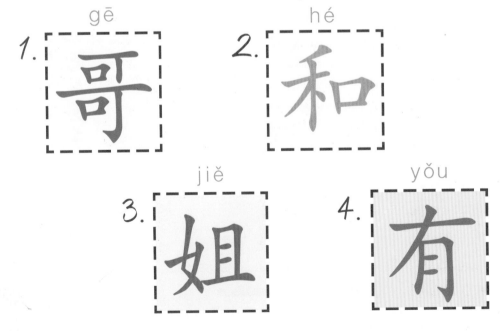

1. gē 哥

2. hé 和

3. jiě 姐

4. yǒu 有

**10** Make a dialogue according to the pictures.

wáng tiān yī
王天一
shí yī suì
十一岁

Example

tā shì shuí
A：她是谁？
tā jiào wáng tiān yī
B：她叫王天一。
tā jīn nián shí yī suì
她今年十一岁。

dà lì
大力
shí èr suì
十二岁

xiǎo yuè
小月
shí yī suì
十一岁

jiā shēng
家生
shí suì
十岁

xiǎo wén
小文
jiǔ suì
九岁

wáng xīng
王星
shí èr suì
十二岁

fāng fang
方方
shí èr suì
十二岁

53

# Unit 3

 Text 1

wǒ jiào wáng xiǎo míng jīn nián
我叫王小明，今年
shí sān suì wǒ méi yǒu xiōng
十三岁。我没有兄
dì jiě mèi wǒ zài yī jiǔ
弟姐妹。我(在)一九
jiǔ sān nián chū shēng wǒ de
九三年出生。我的
shēng rì shì shí èr yuè bā
生日是十二月八
rì wǒ shì zhōng xué shēng
日。我是中学生。
wǒ shàng qī nián jí wǒ zhù
我上七年级。我住
zài xiāng gǎng
在香港。

## New Words

méi
1. 没  no
méi yǒu
没有 not have; there is not

xiōng
2. 兄  elder brother
xiōng dì jiě mèi
兄弟姐妹  brothers
and sisters

zhōng
3. 中  middle

xué
4. 学(學)  study
xué sheng
学生  student
zhōng xué shēng
中学生  secondary
school student

shàng
5. 上  up; go to; get on

jí
6. 级(級)  grade
nián jí
年级  grade

xiāng gǎng
7. 香港  Hong Kong

54

**1** Speaking practice.

东东：
十岁
小学生
五年级

Example

wǒ jiào dōng dong　　jīn
我叫东东，今
nián shí suì　　wǒ shì
年十岁。我是
xiǎo xué shēng　　shàng wǔ
小学生，上五
nián jí　　wǒ jiā yǒu
年级。我家有
sān kǒu rén　　bà ba
三口人：爸爸、
mā ma hé wǒ
妈妈和我。

1

小文：
九岁
小学生
四年级

2

王星：
十二岁
中学生
七年级

3

大生：
十一岁
小学生
六年级

*It is your turn!*

Introduce youself and your family.

## 2 Listen and circle the correct pinyin.

1 wǎi wāi    2 lái lài

3 cuì cuǐ    4 shuí shuì

5 sāi shāi    6 léi lēi

7 duī tuī    8 zài zhài    9 hēi gěi

**Practice Focus**

ai ei ui

## 3 Dictionary skills.

*It is your turn!*

Look up the characters below in a Chinese dictionary and then write down their meanings.

1 万

2 州

3 么

4 远

5 吃

6 汗

7 说

8 玩

### NOTE

**Look up a character with no pinyin in a Chinese dictionary.**

1. First of all, you need to find out what type of radical the character contains.

2. There are three types of radicals: a stroke type of radical, such as 丶,一,丨,丿,丶, etc.; radicals which are not simple characters, such as 辶,阝, etc.; and simple characters, such as 大,火,木, etc..

3. To look up a character with no pinyin in a Chinese dictionary, we must take the following five steps:

   a) Find out the radical.

   b) Count its strokes, turn to the radical page and find the radical.

   c) According to the page number indicated by the radical, turn to that page.

   d) Count the strokes of the rest of the character, and locate the character in its group, which is organized by number of strokes with a page number alongside.

   e) Turn to the page and find the character you want.

# 4 Speaking practice.

Example

wǒ jiào duō duo
我叫多多，
jīn nián bā suì
今年八岁。
wǒ jiā yǒu sì
我家有四
kǒu rén bà
口人：爸
ba mā ma
爸、妈妈、
yí ge dì di
一个弟弟
hé wǒ  wǒ shì xiǎo xué shēng  shàng sān
和我。我是小学生，上三
nián jí  wǒ dì di jīn nián liù suì
年级。我弟弟今年六岁，
shàng yī nián jí
上一年级。

*It is your turn!*

Make a similar introduction
of your family.

# 5 Activity.

Example

diàn huà hào mǎ
1. 电话号码
wǒ jiā yǒu sān kǒu rén
2. 我家有三口人：
bà ba  mā ma hé wǒ
爸爸、妈妈和我。

## INSTRUCTIONS

1 The class is divided into small groups.

2 The teacher whispers a phrase/sentence to one member of a group. The phrase/sentence is whispered along to the last student of the group.

3 If the last student can repeat the phrase/sentence exactly as what the teacher whispered, the group gains one point.

# 6 Learn the radicals.

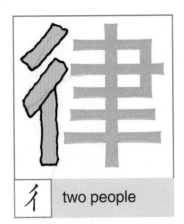

彳 two people

巾 napkin

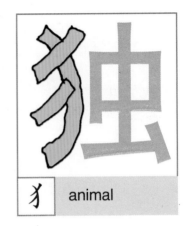

犭 animal

雨 rain

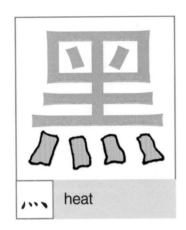

灬 heat

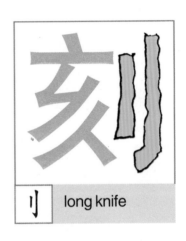

刂 long knife

# 7 Activity.

Example

| | | | | |
|---|---|---|---|---|
| 1. | kōng tiáo 空调 | | 6. | xià yǔ 下雨 |
| 2. | gù gōng 故宫 | | 7. | dǎ léi 打雷 |
| 3. | cháng chéng 长城 | | 8. | shā fā 沙发 |
| 4. | guā fēng 刮风 | | 9. | qì chē 汽车 |
| 5. | bīng xiāng 冰箱 | | 10. | huá xuě 滑雪 |

## INSTRUCTIONS

1 The class is divided into groups of 3 or 4 students.

2 The teacher prepares a few new words/phrases with pinyin.

3 The groups look up the words/phrases in a Chinese dictionary. The group which finds the most correct meanings within a set period of time wins the activity.

nǐ shì zhōng xué shēng ma
你是中学生吗？

bú shì wǒ shì xiǎo xué shēng
不是，我是小学生。

nǐ jīn nián shàng jǐ nián jí
你今年上几年级？

liù nián jí
六年级。

nǐ shì nǎ guó rén
你是哪国人？

zhōng guó rén nǐ ne
中国人。你呢？

wǒ yí bàn shì zhōng guó rén yí bàn
我一半是中国人，一半

shì měi guó rén
是美国人。

## New Words

ma
1. 吗（嗎） question particle

bù
2. 不 not; no

xiǎo xué shēng
3. 小学生 primary school student

ne
4. 呢 question particle

bàn
5. 半 half

yí bàn
一半 one half

guó
6. 国（國） country

zhōng guó
中国 China

zhōng guó rén
中国人 Chinese (people)

měi guó
7. 美国 America

měi guó rén
美国人 American (people)

59

**8** Make a dialogue with your partner.

《 Sample questions:

nǐ jiào shén me míng zi
1. 你叫什么名字？

nǐ jīn nián duō dà le
2. 你今年多大了？

nǐ shàng jǐ nián jí
3. 你上几年级？

nǐ jiā yǒu jǐ kǒu rén
4. 你家有几口人？

yǒu shuí
有谁？

nǐ shì nǎ guó rén
5. 你是哪国人？

nǐ zhù zài nǎr
6. 你住在哪儿？

jīn tiān jǐ yuè jǐ hào
7. 今天几月几号？

jīn tiān xīng qī jǐ
8. 今天星期几？

nǐ jiā de diàn huà hào
9. 你家的电话号

mǎ shì duō shao
码是多少？

### Extra Words

yīng guó    yīng guó rén
a) 英国／英国人
   U.K. / British

jiā ná dà    jiā ná dà rén
b) 加拿大／加拿大人
   Canada / Canadian (people)

dé guó    dé guó rén
c) 德国／德国人
   Germany / German (people)

fǎ guó    fǎ guó rén
d) 法国／法国人
   France / French (people)

hán guó    hán guó rén
e) 韩国／韩国人
   Republic of Korea /
   Korean (people)

rì běn    rì běn rén
f) 日本／日本人
   Japan / Japanese (people)

ào dà lì yà    ào dà lì yà rén
g) 澳大利亚／澳大利亚人
   Australia / Australian (people)

**9** Activity.

Example

Teacher: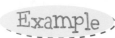

zhōng guó
Students: 中国

### INSTRUCTIONS

1 | The whole class may join the activity.

2 | The teacher prepares some national flags. When a flag is raised, the students should say the name of the country in Chinese.

## 10 Speaking practice.

**Example**

你好！我叫王小明。
nǐ hǎo wǒ jiào wáng xiǎo míng

我今年十三岁，上七
wǒ jīn nián shí sān suì shàng qī

年级。我一九九三年
nián jí wǒ yī jiǔ jiǔ sān nián

出生。我的生日是十
chū shēng wǒ de shēng rì shì shí

二月八号。
èr yuè bā hào

我家有三口人：爸爸、
wǒ jiā yǒu sān kǒu rén bà ba

妈妈和我。我没有兄弟姐妹。我住在香
mā ma hé wǒ wǒ méi yǒu xiōng dì jiě mèi wǒ zhù zài xiāng

港。我家的电话号码是二五五六七一〇
gǎng wǒ jiā de diàn huà hào mǎ shì èr wǔ wǔ liù qī yāo líng

九。再见！
jiǔ zài jiàn

*It is your turn!*

Make a similar video clip and send it to your net-pal.

## 11 Listen and tick the correct answers.

39

① 
a) 中学生 ☐
b) 小学生 ☐

② 
a) 四年级 ☐
b) 五年级 ☐

③ 
a) 中国人 ☐
b) 美国人 ☐

④ 
a) 姐姐 ☐
b) 哥哥 ☐

⑤ 
a) 十月三十日 ☐
b) 一月十三日 ☐

⑥ 
a) 住在北京 ☐
b) 住在东京 ☐

## Lesson 9   Occupation   职业

Text 1  🔘40

wǒ jiào dà shēng   zhè shì wǒ de yī
我叫大生。这是我的一
jiā   wǒ jiā yǒu sì kǒu rén   bà
家。我家有四口人：爸
ba   mā ma   jiě jie hé
爸、妈妈、姐姐和
wǒ   wǒ bà ba gōng zuò
我。我爸爸工作，
wǒ mā ma yě gōng zuò
我妈妈也工作。
wǒ bà ba shì lǜ shī
我爸爸是律师，
wǒ mā ma shì lǎo shī
我妈妈是老师。
wǒ men yì jiā rén zhù zài
我们一家人住在
shàng hǎi
上海。

## New Words

gōng
1. 工  work

zuò
2. 作  do; make

gōng zuò
   工作  work

yě
3. 也  also

lǜ
4. 律  law

shī
5. 师  teacher; master

lǜ shī
   律师  lawyer

lǎo
6. 老  old; experienced

lǎo shī
   老师  teacher

men
7. 们(們)  plural suffix

wǒ men
   我们  we; us

yì jiā rén
8. 一家人  members of a family

shàng hǎi
9. 上海  Shanghai

# 1 Ask your classmates the following questions.

| Questions | 是 | 不是 |
|---|---|---|
| nǐ bà ba shì lǜ shī ma<br>1. 你爸爸是律师吗? | 正 | ✓ |
| nǐ mā ma shì lǎo shī ma<br>2. 你妈妈是老师吗? | ✓ | |
| nǐ bà ba shì shāng rén ma<br>3. 你爸爸是商人吗? | | ✓ |
| nǐ mā ma shì hù shi ma<br>4. 你妈妈是护士吗? | | ✓ |
| nǐ bà ba shì yī shēng ma<br>5. 你爸爸是医生吗? | ✓ | |
| nǐ mā ma shì mì shū ma<br>6. 你妈妈是秘书吗? | | ✓ |
| nǐ bà ba shì sī jī ma<br>7. 你爸爸是司机吗? | ✓ | |
| nǐ mā ma shì jīng lǐ ma<br>8. 你妈妈是经理吗? | | ✓ |

## Extra Words

shāng rén
a) 商人
businessman

hù shi
b) 护士
nurse

yī shēng
c) 医生
doctor

mì shū
d) 秘书
secretary

jīng lǐ
e) 经理
manager

sī jī
f) 司机
driver

# 2 Activity.

## Example

| | | |
|---|---|---|
| 中学 | 没有 | 中国 |
| 年级 | 那 | 电话 |
| 星期 | 昨天 | 今年 |
| 哪儿 | 多少 | 这 |

## INSTRUCTIONS

1 The class is divided into two groups.

2 The teacher puts up 10-15 words/phrases cards on the board. The students are given 2-3 minutes to memorize them.

3 Then the teacher secretly takes off one word/phrase card and asks the students to say the missing word/phrase.

## 3 Make a telephone conversation with your partner.

《 Sample questions:

1. nǐ jiào shén me míng zi
   你叫什么名字？

2. nǐ duō dà le
   你多大了？

3. nǐ shàng jǐ nián jí
   你上几年级？

4. nǐ de shēng rì shì jǐ yuè jǐ hào
   你的生日是几月几号？

5. nǐ jiā yǒu jǐ kǒu rén    yǒu shuí
   你家有几口人？有谁？

6. nǐ shì nǎ guó rén
   你是哪国人？

7. nǐ bà ba gōng zuò ma
   你爸爸工作吗？

8. nǐ mā ma gōng zuò ma
   你妈妈工作吗？

9. nǐ jiā zhù zài    nǎr
   你家住在哪儿？

10. nǐ jiā de diàn huà hào mǎ shì duō shao
    你家的电话号码是多少？

## 4 Listen and add a tonal mark to the pinyin.  41

| 1 | shui | 2 | jiu | 3 | zou |
| 4 | tao | 5 | shou | 6 | gao |
| 7 | xiu | 8 | lou | 9 | qiu |
| 10 | rou | 11 | yao | 12 | liu |

Practice Focus

ao ou iu

## 5 Learn the radicals.

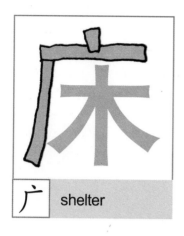

广 shelter

饣 food

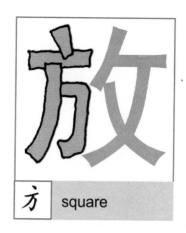

方 square

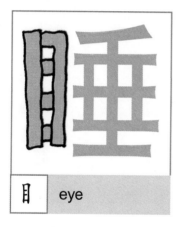

目 eye

木 wood

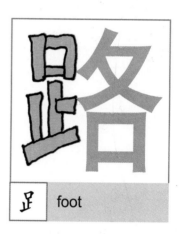

足 foot

## 6 Activity.

Example

① 零 _____

② 刻 _____

③ 饭 _____

④ 睡 _____

⑤ 红 _____

⑥ 黑 _____

⑦ 橙 _____

⑧ 嘴 _____

nǐ yǒu xiōng dì jiě mèi ma
**你有兄弟姐妹吗？**

méi yǒu wǒ shì dú shēng nǚ
**没有。我是独生女。**

wǒ shì dú shēng zǐ nǐ mā
**我是独生子。你妈**
ma gōng zuò ma
**妈工作吗？**

gōng zuò nǐ mā ma ne
**工作。你妈妈呢？**

tā yě gōng zuò tā shì shāng rén
**她也工作。她是商人。**
nǐ mā ma zuò shén me gōng zuò
**你妈妈做什么工作？**

tā shì mì shū
**她是秘书。**

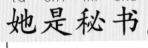

## New Words

dú
1. 独(獨) single; only

nǚ
2. 女 female; daughter

dú shēng nǚ
独生女 only daughter

zǐ
3. 子 son; child

dú shēng zǐ
独生子 only son

shāng
4. 商 business

shāng rén
商人 businessman

zuò
5. 做 make; do

mì
6. 秘 secret

shū
7. 书(書) book

mì shū
秘书 secretary

# 7 Speaking practice.

老师 / 中国人

Example

tā shì lǎo shī
她是老师。
tā shì zhōng guó rén
她是中国人。

1

律师 / 美国人

2

护士 / 加拿大人

3

司机 / 日本人

4

经理 / 法国人

5

秘书 / 德国人

6

医生 / 英国人

# 8 Make a question with each question word/particle.

shén me
1 什么:＿＿＿＿＿＿＿

jǐ
2 几:＿＿＿＿＿＿＿

nǎ guó rén
3 哪国人:＿＿＿＿＿＿＿

nǎr
4 哪儿:＿＿＿＿＿＿＿

ma
5 吗:＿＿＿＿＿＿＿

shuí
6 谁:＿＿＿＿＿＿＿

**9** Listen and tick the correct answers.

---

a) 她是独生女。 ☐

b) 她没有兄弟姐妹。 ☐

c) 她有一个哥哥。 ☐

---

a) 我上七年级。 ☐

b) 我上六年级。 ☐

c) 我上八年级。 ☐

---

a) 我家住在纽约。 ☐

b) 我家住在香港。 ☐

c) 我家住在北京。 ☐

---

a) 十月五号。 ☐

b) 星期五。 ☐

c) 五月十号。 ☐

---

a) 我爸爸不工作。 ☐

b) 我爸爸工作。 ☐

c) 我妈妈工作。 ☐

---

a) 我妈妈是律师。 ☐

b) 我妈妈是老师。 ☐

c) 我妈妈不工作。 ☐

---

**10** Draw the structure of each character.

xiǎng
1. 想 →

jìn
2. 进 →

tuǐ
3. 腿 →

kù
4. 裤 →

qǐ
5. 起 →

yán
6. 颜 →

## 11 Speaking practice.

**Example**

nǐ yǒu xiōng dì jiě mèi ma
你有兄弟姐妹吗?

méi yǒu wǒ shì dú shēng nǚ nǐ ne
没有。我是独生女。你呢?

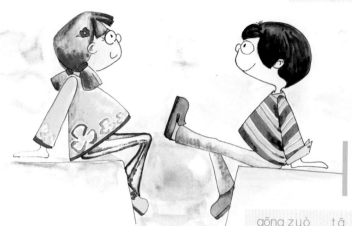

wǒ yǒu yí ge dì di
我有一个弟弟。

nǐ dì di jǐ suì le
你弟弟几岁了?

wǔ suì nǐ bà ba gōng zuò ma
五岁。你爸爸工作吗?

gōng zuò tā shì lǜ shī nǐ bà ba ne
工作。他是律师。你爸爸呢?

tā shì lǎo shī
他是老师。

**It is your turn!**

Make a similar dialogue with your partner.

## 12 Listen and answer the questions in Chinese.

🔊 44

*1* 她家有几口人?

*2* 她爸爸做什么工作?

*3* 她哥哥多大了?

*4* 她哥哥今年上几年级?

*5* 她妹妹今年几岁了?

*6* 她妹妹是中学生吗?

69

## Lesson 10　Time　时间

Text 1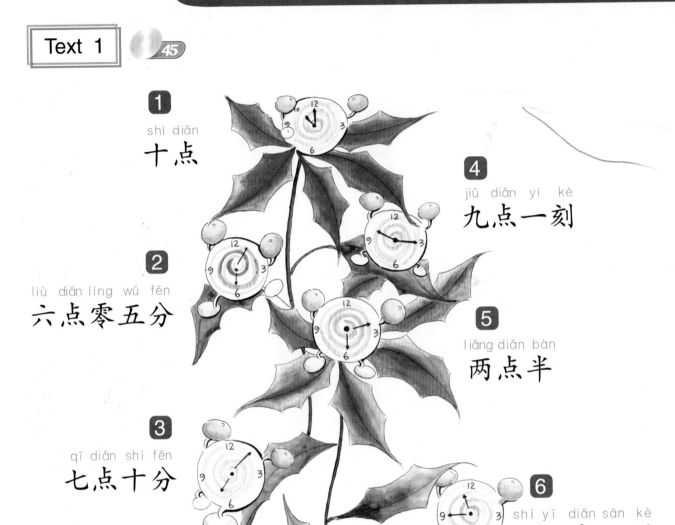

1
shí diǎn
十点

2
liù diǎn líng wǔ fēn
六点零五分

3
qī diǎn shí fēn
七点十分

4
jiǔ diǎn yí kè
九点一刻

5
liǎng diǎn bàn
两点半

6
shí yī diǎn sān kè
十一点三刻

## New Words

diǎn
1. 点（點）o'clock
shí diǎn
十点 ten o'clock

líng
2. 零 zero

fēn
3. 分 minute

wǔ fēn
五分 five minutes

kè
4. 刻 quarter (of an hour)

liǎng
5. 两（兩）two

# 1 Speaking practice.

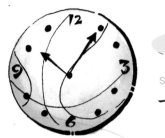

shí diǎn líng wǔ fēn
十点零五分

1

2

3

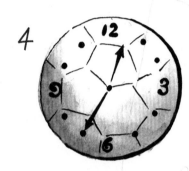

4

5

6

7

# 2 Listen and write down the vowels with tonal marks.

| 1 | 2 | x | 3 | b |
|---|---|---|---|---|
| 4 | j | 5 | l | 6 | q |
| 7 | x | 8 | n | 9 | |
| 10 | y | 11 | t | 12 | p |

46

**Practice Focus**

ie  üe  er

**3** Group work. Try to complete the following questions.

nǐ jiào
① 你叫 _____ ?

nǐ jiā yǒu
② 你家有 _____ ?

nǐ yǒu jǐ ge
③ 你有几个 _____ ?

nǐ jīn nián          le
④ 你今年 _____ 了?

nǐ shàng
⑤ 你上 _____ ?

nǐ shì
⑥ 你是 _____ ?

nǐ de shēng rì shì
⑦ 你的生日是 _____ ?

nǐ zhù zài
⑧ 你住在 _____ ?

nǐ bà ba zuò
⑨ 你爸爸做 _____ ?

nǐ jiā de diàn huà hào mǎ
⑩ 你家的电话号码 ___ ?

**4** Listen and tick the correct answers.

| 1 | | |
|---|---|---|
| a) | 14:15 | ☐ |
| b) | 14:30 | ☐ |

| 2 | | |
|---|---|---|
| a) | | b) |
| ☐ | | ☐ |

| 3 | |
|---|---|
| a) 九点零三分 | ☐ |
| b) 九点三十分 | ☐ |

| 4 | | |
|---|---|---|
| a) | 07:55 | ☐ |
| b) | 08:05 | ☐ |

| 5 | | |
|---|---|---|
| a) | b) | |
| ☐ | ☐ | |

| 6 | |
|---|---|
| a) 十二点零五分 | ☐ |
| b) 十点二十五分 | ☐ |

# 5 Learn the radicals.

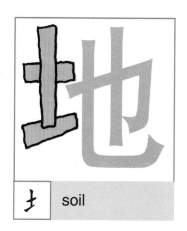

土 soil

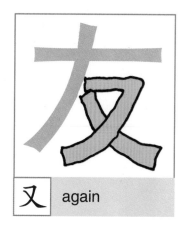

又 again

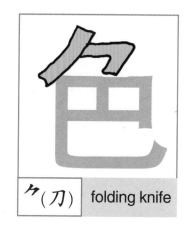

⺈(刀) folding knife

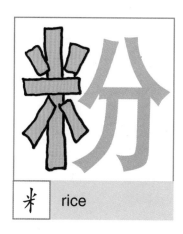

米 rice

彡 ornament

⻂ clothing

# 6 Activity.

*Example*

Teacher: 八点一刻
bā diǎn yí kè

Student:

## INSTRUCTIONS

1 | The class is divided into two groups.

2 | The teacher gives a time in Chinese, and one student from each group correctly positions the two clock hands on the clock face.

liǎng diǎn sān kè
两点三刻。

xiàn zài jǐ diǎn
现在几点？

nǐ de biǎo jǐ diǎn le
你的表几点了？

chà shí fēn qī diǎn
差十分七点。

## New Words

xiàn
1. 现(現)  present
xiàn zài
现在  now
biǎo
2. 表(錶)  watch
chà
3. 差  fall short of

## 7 Speaking practice.

1

2

3

4

5

6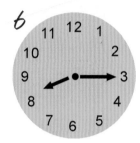

7

8

## 8 Add missing words to form phrases.

1.
míng
名 _____

2.
duō
多 _____

3.
mì
秘 _____

4.
hào
号 _____

5.
shén
什 _____

6.
nǎ
哪 _____

7.
xiàn
现 _____

8.
nián
年 _____

9.
xīng
星 _____

10.
méi
没 _____

11.
lǎo
老 _____

12.
shēng
生 _____

13.
chū
出 _____

14.
dú
独 _____

15.
gōng
工 _____

16.
míng
明 _____

17.
diàn
电 _____

18.
shāng
商 _____

19.
xué
学 _____

20.
yī
一 _____

## 9 Activity.

Example

Teacher: 7 × 9

Student:
liù shí sān
六 十 三

| | INSTRUCTIONS |
|---|---|
| 1 | The class is divided into two groups. |
| 2 | The teacher says two single digit numbers, and the students say the product in Chinese. |

75

## 10 Listen and put hands on the clocks.

## 11 Activity.

Example

| | |
|---|---|
| 3:45 | 9:20 |
| 7:05 | 12:30 |

九点二十分

三点三刻

十二点半

七点零五分

### INSTRUCTIONS

1　The whole class may join the activity.

2　The teacher prepares one set of cards with the time written in characters, and another set of cards with the time written in numbers.

3　Each student is given a card and walks around the room to find out the matching pair.

## 12 Make a dialogue according to the pictures.

xiàn zài  jǐ diǎn
A: 现在几点？
chà shí fēn jiǔ diǎn
B: 差十分九点。

1

2
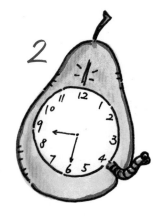

3

4

5

6

## 13 Circle the correct pinyin.

| 1 什 shén sén | 2 你 nín nǐ | 3 妹 méi mèi |
| 4 期 chī qī | 5 哥 zhé gē | 6 再 zhài zài |
| 7 号 hào hòu | 8 半 bàn bàng | 9 国 gǒu guó |

Text 1

①

| 5:00-8:00 | | 12:00 | | 18:00-24:00 |
|---|---|---|---|---|
| zǎo shang | shàng wǔ | zhōng wǔ | xià wǔ | wǎn shang |
| 早上 | 上午 | 中午 | 下午 | 晚上 |

②

1

zǎo shang qī diǎn
早上七点

2

shàng wǔ shí diǎn
上午十点

3

zhōng wǔ shí èr diǎn
中午十二点

4

xià wǔ sì diǎn
下午四点

5

wǎn shang bā diǎn
晚上八点

# New Words

zǎo
1. 早 early; morning

zǎo shang
早上 (early) morning

wǔ
2. 午 noon

shàng wǔ
上午 before noon; morning

zhōng wǔ
中午 noon

xià
3. 下 down; get off

xià wǔ
下午 afternoon

wǎn
4. 晚 evening; late

wǎn shang
晚上 (in the) evening

---

**1** Make a dialogue according to the pictures.

---

**2** Activity.

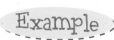

xiào chē
1 校车 _____

huǒ chē
2 火车 _____

### INSTRUCTIONS

1 The class is divided into small groups.

2 The teacher prepares some new phrases with pinyin. Each group looks the phrases up in a Chinese dictionary.

3 The group who gets the correct meanings of all the phrases within the shortest period of time wins the activity.

## 3 Speaking practice.

16:45

Example

xià wǔ sì diǎn sān kè
下午四点三刻

| | | | |
|---|---|---|---|
| 1. 23:00 | | 5. 16:45 | |
| 2. 07:30 | | 6. 20:05 | |
| 3. 12:30 | | 7. 10:55 | |
| 4. 07:05 | | 8. 05:35 | |

## 4 Activity.

Example

么 她 班
中 住 香
生 明 做
期 儿 零

### INSTRUCTIONS

1 The class is divided into small groups.

2 The teacher prepares a set of twelve words with stroke numbers ranging from 2-13. The words are jumbled up. The groups compete to arrange them in order.

3 The group, who correctly completes the task within the shortest period of time, wins the activity.

## 5 Learn the radicals.

宀 cave

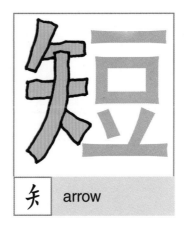

矢 arrow

页 page

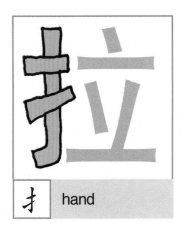

扌 hand

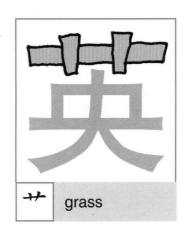

艹 grass

走 walk

## 6 Listen and add a tonal mark to the pinyin.

51

| | | | |
|---|---|---|---|
| 1 | san | 7 | chun |
| 2 | ren | 8 | ban |
| 3 | qin | 9 | cen |
| 4 | sun | 10 | han |
| 5 | yun | 11 | gun |
| 6 | jin | 12 | dun |

Practice Focus

an en in un ün

**Text 2** 52

*1*

wǒ zǎo shang
我早上
liù diǎn bàn
六点半
qǐ chuáng
起床。

*2*

wǒ liù diǎn
我六点
sān kè chī
三刻吃
zǎo fàn
早饭。

*3*

wǒ qī diǎn
我七点
yí kè qù
一刻去
shàng xué
上学。

*4*

wǒ men bā
我们八
diǎn shàng kè
点上课。

*5*

wǒ men xià
我们下
wǔ sān diǎn
午三点
bàn fàng xué
半放学。

*6*

wǒ wǎn shang
我晚上
jiǔ diǎn bàn
九点半
shuì jiào
睡觉。

## New Words

1. qǐ 起 get up
   chuáng
2. 床 bed
   qǐ chuáng
   起床 get up
3. chī 吃 eat
4. fàn 饭(飯) cooked rice; meal

zǎo fàn 早饭 breakfast
5. qù 去 go
6. shàng xué 上学 go to school; attend school
7. kè 课(課) class; period
   shàng kè 上课 attend class

8. fàng 放 let go; release
   fàng xué 放学 school is over
9. shuì 睡 sleep
10. jiào 觉(覺) sleep
    shuì jiào 睡觉 sleep

82

# 7 Speaking practice.

**Example**

tā zǎo shang qī diǎn qǐ chuáng
他早上七点起床。

1

2

3

4

5

6

7

# 8 Listen and tick the correct answers.

*53*

**1**
a) 6:30 pm ☐
b) 6:30 am ☐

**2**
a) 4:40 am ☐
b) 4:40 pm ☐

**3**
a) 12:15 pm ☐
b) 2:15 pm ☐

**4**
a) 9:05 am ☐
b) 9:05 pm ☐

**5**
a) 11:10 am ☐
b) 11:01 am ☐

**6**
a) 10:45 pm ☐
b) 10:45 am ☐

## 9 Ask your partner the following questions.

| | |
|---|---|
| nǐ zǎo shang jǐ diǎn qǐ chuáng<br>1. 你早上几点起床? | 七点 |
| nǐ jǐ diǎn chī zǎo fàn<br>2. 你几点吃早饭? | 七点:20 |
| nǐ jǐ diǎn qù shàng xué<br>3. 你几点去上学? | 七点:40 |
| nǐ men jǐ diǎn shàng kè<br>4. 你们几点上课? | 八点:00 |
| nǐ zhōng wǔ jǐ diǎn chī wǔ fàn<br>5. 你中午几点吃午饭? | 十二点:05 |
| nǐ men xià wǔ jǐ diǎn fàng xué<br>6. 你们下午几点放学? | 三点:30 |
| nǐ men jiā jǐ diǎn chī wǎn fàn<br>7. 你们家几点吃晚饭? | 六点:10 |
| nǐ jǐ diǎn shuì jiào<br>8. 你几点睡觉? | 九点:30 |

tā zǎo shang liù diǎn bàn
**Report to the class:** 他早上六点半 ······

## 10 Listen and tick the correct answers. 54

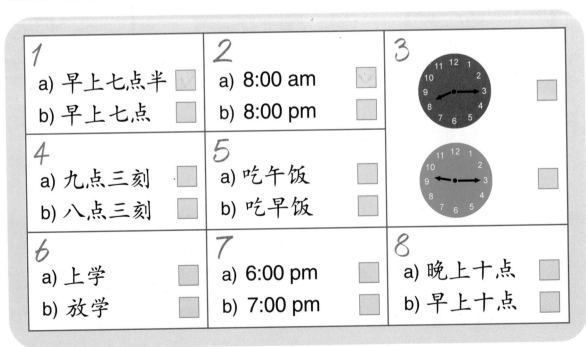

| 1 | 2 | 3 |
|---|---|---|
| a) 早上七点半 ☑<br>b) 早上七点 ☐ | a) 8:00 am ☑<br>b) 8:00 pm ☐ | ☐ |
| 4 | 5 | |
| a) 九点三刻 ☐<br>b) 八点三刻 ☐ | a) 吃午饭 ☐<br>b) 吃早饭 ☐ | ☐ |
| 6 | 7 | 8 |
| a) 上学 ☐<br>b) 放学 ☐ | a) 6:00 pm ☐<br>b) 7:00 pm ☐ | a) 晚上十点 ☐<br>b) 早上十点 ☐ |

**11** Make a dialogue with your partner.

《 Sample questions:

1
nǐ jiào shén me míng zi    nǐ shàng jǐ nián jí
你叫什么名字？你上几年级？

2
nǐ jīn nián duō dà le    nǐ de shēng rì shì jǐ yuè jǐ hào
你今年多大了？你的生日是几月几号？

3
nǐ jiā yǒu jǐ kǒu rén    yǒu shuí    nǐ zhù zài nǎr
你家有几口人？有谁？你住在哪儿？

4
nǐ bà ba gōng zuò ma    nǐ mā ma gōng zuò ma
你爸爸工作吗？你妈妈工作吗？

5
nǐ men zǎo shang jǐ diǎn shàng kè
你们早上几点上课？

6
nǐ men zhōng wǔ jǐ diǎn chī wǔ fàn
你们中午几点吃午饭？

7
nǐ men xià wǔ jǐ diǎn fàng xué
你们下午几点放学？

8
nǐ jiā de diàn huà hào mǎ shì duō shao
你家的电话号码是多少？

**12** Activity.

bà ba
Teacher: 爸爸

mā ma
Student 1: 妈妈

dì di
Student 2: 弟弟

| | INSTRUCTIONS |
|---|---|
| 1 | The whole class may join the activity. |
| 2 | The teacher says one word of a category, and then the students are asked to add one or two words to the same category. |

# Unit 4

Text 1  55

**①**
wǒ bà ba kāi chē
我爸爸开车
shàng bān
上班。

**②**
wǒ mā ma zǒu lù
我妈妈走路
shàng bān
上班。

**③**
wǒ měi tiān zuò xiào chē
我每天坐校车
shàng xué
上学。

## New Words

kāi
1. 开  open; drive

chē
2. 车(車)  vehicle
kāi chē
   开车  drive a car

bān
3. 班  shift
shàng bān
   上班  go to work

zǒu
4. 走  walk

lù
5. 路  road
zǒu lù
   走路  walk

měi
6. 每  every
měi tiān
   每天  everyday

zuò
7. 坐  sit; travel by (bus, train, etc.)

xiào
8. 校  school
xiào chē
   校车  school bus

# 1 Say the following in Chinese.

## Extra Words

a) huǒ chē
火车
train

b) diàn chē
电车
tram

c) fēi jī
飞机
plane

d) dù chuán
渡船
ferry

e) chū zū chē
出租车
taxi

f) gōng gòng qì chē
公共汽车
public bus

15

≪ *Answer the following questions:*

nǐ měi tiān zuò xiào chē shàng xué ma
1. 你每天坐校车上学吗?

nǐ bà ba měi tiān kāi chē shàng bān ma
2. 你爸爸每天开车上班吗?

nǐ mā ma měi tiān zǒu lù shàng bān ma
3. 你妈妈每天走路上班吗?

## 2 Match the picture with the answer.

1 ··· ☑

2 ··· ☑

3 ··· ☑

4 ··· ☑

5 ··· ☑

6 ··· ☐

7 ··· ☑

8 ··· ☑

### Answer

a) shàng kè 上课 attend class

b) xià kè 下课 finish class

c) shàng xué 上学 go to school; attend school

d) fàng xué 放学 school is over

e) shàng bān 上班 go to work

f) xià bān 下班 finish work

g) shàng chē 上车 get on the car

h) xià chē 下车 get off the car

## 3 Circle the correct pinyin.

1. 作 zuò zòu

2. 分 fēn fān

3. 谁 suí shuí

4. 点 dǎn diǎn

5. 住 zhù jù

6. 年 nián nán

## 4 Learn the radicals.

文 writing

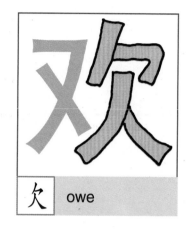
欠 owe

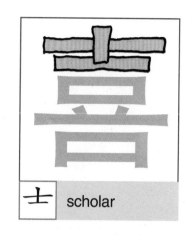
士 scholar

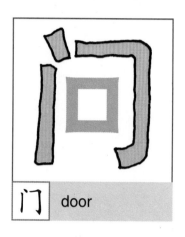
门 door

竹 bamboo

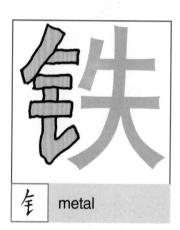
钅 metal

## 5 Listen and write down the pinyin with tonal marks. 🔊 56

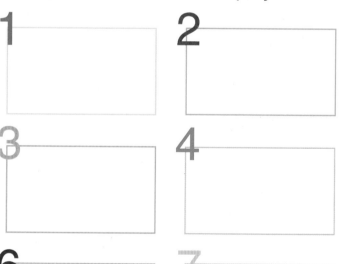

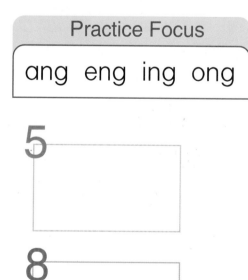

1

2

**Practice Focus**

ang eng ing ong

3

4

5

6

7

8

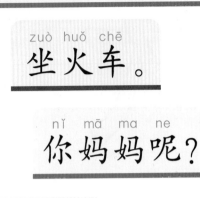

nǐ bà ba zěn me shàng bān
你爸爸怎么上班？

zuò huǒ chē
坐火车。

nǐ mā ma ne
你妈妈呢？

zuò chū zū chē
坐出租车。

nǐ gē ge zěn me shàng xué
你哥哥怎么上学？

zuò gōng gòng qì chē
坐公共汽车。

nǐ zěn me shàng xué
你怎么上学？

zuò dì tiě
坐地铁。

## New Words

zěn
1. 怎 how

zěn me
怎么 how

huǒ
2. 火 fire

huǒ chē
火车 train

zū          chū zū
3. 租 rent   出租 rent

chū zū chē
出租车 taxi

gōng
4. 公 public

gòng
5. 共 public; common

gōng gòng
公共 public

qì
6. 汽 gas; steam

qì chē
汽车 car

gōng gòng qì chē
公共汽车 public bus

dì
7. 地 ground

tiě
8. 铁(鐵) iron

dì tiě
地铁 subway

# **6** Speaking practice.

Example

tā men měi tiān zǎo shang bā diǎn shàng xué
他们每天早上八点上学。
tā men zuò xiào chē shàng xué
他们坐校车上学。

1

2

3

4

5

**7** Listen and tick the correct answers.

**8** Introduce one of your friends.

《 Sample questions:

tā jiào shén me míng zi
1. 他叫什么名字?

tā nǎ nián chū shēng
2. 他哪年出生?

tā de shēng rì shì jǐ yuè jǐ hào
3. 他的生日是几月几号?

tā duō dà le
4. 他多大了?

tā shàng jǐ nián jí
5. 他上几年级?

tā shì nǎ guó rén
6. 他是哪国人?

tā měi tiān jǐ diǎn qǐ chuáng
7. 他每天几点起床?

tā jǐ diǎn shàng xué
8. 他几点上学?

tā zěn me shàng xué
9. 他怎么上学?

tā jǐ diǎn fàng xué
10. 他几点放学?

tā jǐ diǎn chī wǎn fàn
11. 他几点吃晚饭?

tā jǐ diǎn shuì jiào
12. 他几点睡觉?

# 9 Introduce one of your classmates' father.

## « Sample questions:

1
nǐ bà ba jiào shén me míng zi
你爸爸叫什么名字？

2
tā de shēng rì shì jǐ yuè jǐ hào
他的生日是几月几号？

3
tā shì nǎ guó rén
他是哪国人？

4
tā gōng zuò ma    zuò shén me gōng zuò
他工作吗？做什么工作？

5
tā zǎo shang jǐ diǎn qǐ chuáng
他早上几点起床？

6
tā měi tiān jǐ diǎn shàng bān
他每天几点上班？

7
tā zěn me shàng bān
他怎么上班？

8
tā měi tiān jǐ diǎn xià bān
他每天几点下班？

9
tā zěn me xià bān
他怎么下班？

10
tā wǎn shang jǐ diǎn shuì jiào
他晚上几点睡觉？

# 10 Listen and tick the correct answers. 59

## 1
a) 7 : 20    ☐
b) 7 : 12    ☐

## 2
a) 走路    ☐
b) 坐火车   ☐

## 3
a) 老师    ☐
b) 律师    ☐

## 4
a) 开车    ☐
b) 坐地铁   ☐

## 5
a) 工作    ☐
b) 不工作   ☐

## 6
a) 坐电车     ☐
b) 坐公共汽车  ☐

## 11 Match two parts of the sentence.

wǒ de shēng rì shì
1 我的生日是

wǒ zǎo shang qī diǎn
2 我早上七点

wǒ bà ba
3 我爸爸

nǐ de biǎo
4 你的表

mā ma kāi chē
5 妈妈开车

nǐ wǎn shang jǐ diǎn
6 你晚上几点

shàng xué
a) 上 学。

jǐ diǎn le
b) 几点了？

shuì jiào
c) 睡觉？

shí yuè èr shí jiǔ rì
d) 十月二十九日。

shì shāng rén
e) 是商人。

shàng bān
f) 上 班。

## 12 Activity.

Example

### INSTRUCTIONS

1　The class is divided into groups of 3 or 4.

2　The teacher gives out two sets of cards, radicals in one, and incomplete characters in the other. The students are asked to match the radicals with incomplete characters to form complete and correct characters. The first group to finish the task is the winner.

## 13 Ask questions.

◆1
wǒ shì zhōng guó rén
我是中国人。

nǐ shì nǎ guó rén
你是哪国人？

◆2
xiàn zài shí èr diǎn bàn
现在十二点半。

◆3
wǒ men zǒu lù shàng xué
我们走路上学。

◆4
wǒ mā ma bù gōng zuò
我妈妈不工作。

◆5
wǒ bà ba kāi chē shàng bān
我爸爸开车上班。

◆6
wǒ měi tiān zǎo shang liù diǎn qǐ chuáng
我每天早上六点起床。

## 14 Speaking practice.

1.
tā bà ba
他爸爸

7 : 30

shàng bān
上班。

2.
gē ge
哥哥

7 : 00

qǐ chuáng
起床。

3.
mā ma
妈妈

Sunday

qù shàng hǎi
去上海。

4.
wǒ
我

13 : 00

chī wǔ fàn
吃午饭。

5.
wǒ hé dì di
我和弟弟

7 : 40

shàng xué
上学。

95

# Unit 5

## Lesson 13   Colours   颜色

Text 1  60

① wǒ bà ba xǐ huan
我爸爸喜欢
hēi sè hé bái sè
黑色和白色。

② wǒ mā ma
我妈妈
xǐ huan huáng sè
喜欢黄色。

③ wǒ gē ge
我哥哥
xǐ huan lán sè
喜欢蓝色。

④ wǒ jiě jie
我姐姐
xǐ huan hóng sè
喜欢红色。

⑤ wǒ xǐ huan
我喜欢
fěn hóng sè
粉红色。

## New Words

1. xǐ
   喜  happy; like

2. huān
   欢(歡)  happy
   xǐ huan
   喜欢  like

3. hēi
   黑  black

4. sè
   色  colour
   hēi sè
   黑色  black

5. bái
   白  white
   bái sè
   白色  white

6. huáng
   黄  yellow
   huáng sè
   黄色  yellow

7. lán
   蓝(藍)  blue
   lán sè
   蓝色  blue

8. hóng
   红(紅)  red
   hóng sè
   红色  red

9. fěn
   粉  powder; pink
   fěn hóng sè
   粉红色  pink

## 1 Say the following in Chinese.

Example

hēi sè de huǒ chē
黑色的火车

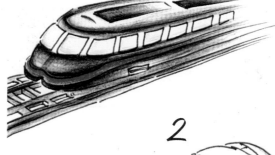

1

2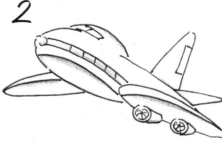

3

4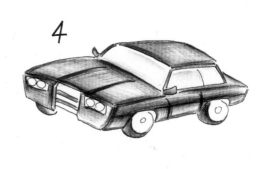

5

6

7

## 2 Listen and add a tonal mark to the pinyin.

1 fandian

2 jingchang

3 shoushang

4 xuesheng

5 shitou

6 jiangbei

7 jinyu

8 yuncai

9 piaoliang

## 3 Say the following in Chinese.

Example
hēi sè
黑色

1

2

3

4

5

6

7

8

9

10

**Extra Words**

chéng sè
a) 橙色
orange colour

zōng sè
b) 棕色
brown

zǐ sè
c) 紫色
purple

lǜ sè
d) 绿色
green

huī sè
e) 灰色
grey

## 4 Listen and choose the right colours.

62

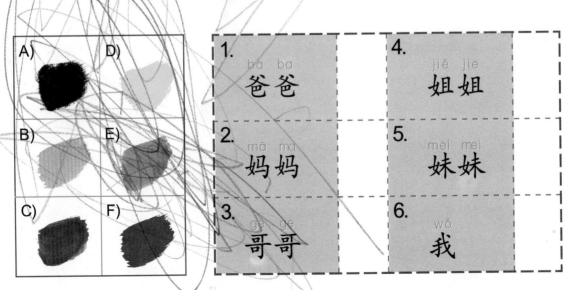

A)    D)

B)    E)

C)    F)

| 1. bà ba 爸爸 | 4. jiě jie 姐姐 |
| 2. mā ma 妈妈 | 5. mèi mei 妹妹 |
| 3. gē ge 哥哥 | 6. wǒ 我 |

## 5 Learn the radicals.

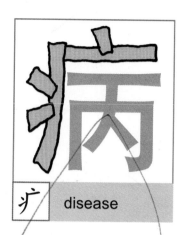

疒 disease

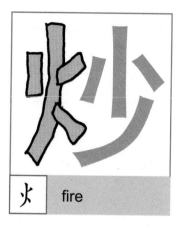

火 fire

爪 claw

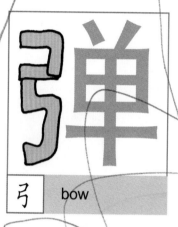

弓 bow

力 strength

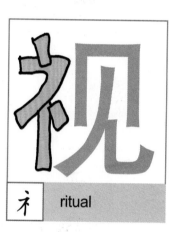

礻 ritual

## 6 Activity.

Example

| 火车 | 汽车 | 上学 | 现在 |
|------|------|------|------|
| 中午 | 商人 | 学生 | 放学 |
| 秘书 | 地铁 | 晚上 | 早饭 |
| 起床 | 睡觉 | 下班 | 每天 |

### INSTRUCTIONS

1 The whole class may join the activity.

2 Each student is given a piece of paper with 16 squares. The teacher writes 16 words/phrases on the board and the students are asked to copy them onto their paper in whatever order they like.

3 The students are asked to tick off the word/phrase the teacher says. Anyone who ticks off four words/phrases in a line in any direction shouts "Bingo".

nǐ  xǐ  huan shén  me  yán  sè
你喜欢什么颜色？

wǒ  xǐ  huan chéng  sè      zǐ  sè
我喜欢橙色、紫色、
zōng  sè  hé  lǜ  sè
棕色和绿色。

nǐ  xǐ  huan  huī  sè  ma
你喜欢灰色吗？

bù  xǐ  huan
不喜欢。

wǒ  yě  bù  xǐ  huan
我也不喜欢。

## New Words

1. 颜(顏) colour
   yán
   颜色 colour
   yán sè

2. 橙 orange
   chéng
   橙色 orange colour
   chéng sè

3. 紫 purple
   zǐ
   紫色 purple
   zǐ sè

4. 棕 brown
   zōng
   棕色 brown
   zōng sè

5. 绿(綠) green
   lǜ
   绿色 green
   lǜ sè

6. 灰 grey
   huī
   灰色 grey
   huī sè

**7** Ask your classmates the following questions.

| Questions | Tally |
|---|---|
| nǐ xǐ huan hēi sè ma<br>1. 你喜欢黑色吗？ | 正 |
| nǐ xǐ huan bái sè ma<br>2. 你喜欢白色吗？ | |
| nǐ xǐ huan huáng sè ma<br>3. 你喜欢黄色吗？ | |
| nǐ xǐ huan lán sè ma<br>4. 你喜欢蓝色吗？ | |
| nǐ xǐ huan hóng sè ma<br>5. 你喜欢红色吗？ | |
| nǐ xǐ huan fěn hóng sè ma<br>6. 你喜欢粉红色吗？ | |
| nǐ xǐ huan chéng sè ma<br>7. 你喜欢橙色吗？ | |
| nǐ xǐ huan zǐ sè ma<br>8. 你喜欢紫色吗？ | |
| nǐ xǐ huan zōng sè ma<br>9. 你喜欢棕色吗？ | |
| nǐ xǐ huan lǜ sè ma<br>10. 你喜欢绿色吗？ | |
| nǐ xǐ huan huī sè ma<br>11. 你喜欢灰色吗？ | |

**Report to the class:**

wǔ ge rén xǐ huan hēi sè
五个人喜欢黑色。

## 8 Say the new colours in Chinese.

1. 红色 ⬤ ＋ 黄色 ⬤ ＝ 橙色

2. 白色 ⬤ ＋ 黑色 ⬤ ＝

3. 蓝色 ⬤ ＋ 黄色 ⬤ ＝

4. 白色 ⬤ ＋ 蓝色 ⬤ ＝

5. 紫色 ⬤ ＋ 黄色 ⬤ ＝

6. 红色 ⬤ ＋ 蓝色 ⬤ ＝

7. 白色 ⬤ ＋ 红色 ⬤ ＝

8. 红 ⬤ ＋ 黄 ⬤ ＋ 蓝 ⬤ ＝

### Answers

a) 粉红色 (fěn hóng sè)

b) 绿色 (lǜ sè)

c) 灰色 (huī sè)

d) 橙色 (chéng sè)

e) 紫色 (zǐ sè)

f) 天蓝色 (tiān lán sè)

g) 黑色 (hēi sè)

h) 棕色 (zōng sè)

## 9 Activity.

### Example

Teacher: panda

Student 1: 黑色 (hēi sè)

Student 2: 白色 (bái sè)

### INSTRUCTIONS

1 | The whole class may join the activity.

2 | Each time the teacher says an object in English, one of the students chosen says its colour(s) in Chinese.

**10** Listen and tick the right colours.

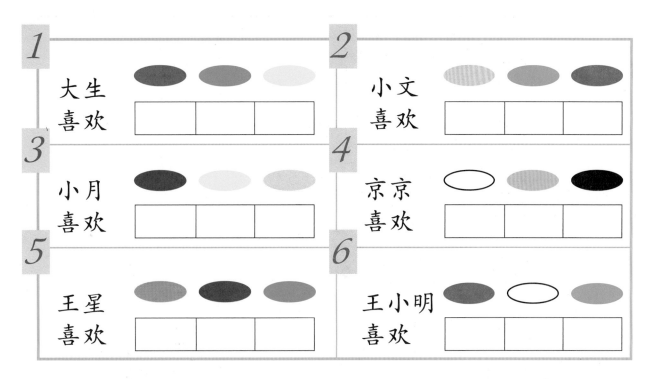

1

大生
喜欢

2

小文
喜欢

3

小月
喜欢

4

京京
喜欢

5

王星
喜欢

6

王小明
喜欢

**11** Activity.

Example

h o n g / s e

x i / h u a n

f a n g / x u e

| | INSTRUCTIONS |
|---|---|
| 1 | The whole class may join the activity. |
| 2 | One member of the class comes to the board and chooses a word or phrase. |
| 3 | He draws several short lines on the board and one at a time the class members say a letter. |
| 4 | If the letter is correct, it is written in the space on the board. If the letter does not appear in the word/phrase, the first line of the hangman is drawn on the board until the word/phrase is complete, or until the man is hung! |

## Lesson 14　Clothing　穿着

Text 1 🎵65

① 这是我爸爸。他喜欢穿衬
zhè shì wǒ bà ba　tā xǐ huan chuān chèn
衫和牛仔裤。
shān hé niú zǎi kù

② 这是我妈妈。
zhè shì wǒ mā ma
她喜欢穿裙子。
tā xǐ huan chuān qún zi

## New Words

chuān
1. 穿　wear

chèn
2. 衬(襯)　lining

shān
3. 衫　unlined upper garment

chèn shān
衬衫　shirt

niú
4. 牛　ox; cattle

zǎi
5. 仔　son

kù
6. 裤(褲)　trousers

niú zǎi kù
牛仔裤　jeans

qún
7. 裙　skirt

qún zi
裙子　skirt

## 1 Say the following in Chinese.

Example

tiān lán sè de chèn shān
天蓝色的衬衫

1

2

3

4

## 2 Listen and add a tonal mark to the pinyin.  66

| 1 | gongniu _____ | 2 | kunnan _____ | 3 | duanku _____ |
| 4 | chuantong _____ | 5 | tiaozi _____ | 6 | taozhuang _____ |
| 7 | duanlian _____ | 8 | youqing _____ | 9 | lüse _____ |

105

## 3 Say the following in Chinese.

Example

fěn hóng sè de qún zi
粉红色的裙子

1
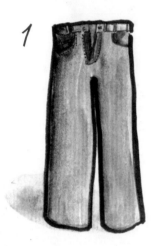

2

3

4

5

6

7

8

### Extra Words

xiào fú
a) 校服
school uniform

hàn shān
b) 汗衫
T-shirt

cháng kù
c) 长裤
pants

duǎn kù
d) 短裤
shorts

máo yī
e) 毛衣
sweater

wài tào
f) 外套
coat

## 4 Learn the radicals.

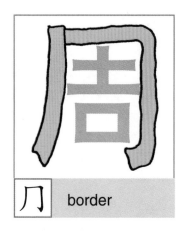

冂 border

牛 cow

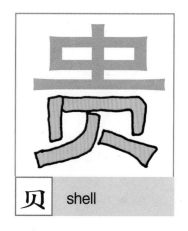

贝 shell

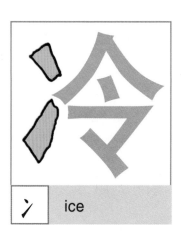

冫 ice

户 household

忄 feeling

## 5 Activity.

Example

黑色　棕色　橙色
红色　紫色　灰色
白色　蓝色　粉红色
黄色

### INSTRUCTIONS

1 The whole class is divided into small groups.

2 The teacher prepares 10-15 cards with phrases written on each of them. One member of the group chosen picks up the card when the teacher shouts out the phrase. The group gains one point each time he picks up the right card.

nǐ xǐ huan chuān shén
你喜欢穿什
me yī fu
么衣服？

wǒ xǐ huan chuān hàn
我喜欢穿汗
shān hé duǎn kù
衫和短裤。

nǐ shàng xué chuān xiào
你上学穿校
fú ma
服吗？

chuān    wǒ chuān chèn shān    máo yī
穿。我穿衬衫、毛衣、
wài tào hé cháng kù
外套和长裤。

## New Words

1. yī 衣 clothes
2. fú 服 clothes
   yī fu 衣服 clothing
   xiào fú 校服 school uniform
3. hàn 汗 sweat

hàn shān 汗衫 T-shirt
4. duǎn 短 short (in length)
   duǎn kù 短裤 shorts
5. máo 毛 wool
   máo yī 毛衣 sweater

6. wài 外 outer
7. tào 套 cover
   wài tào 外套 coat
8. cháng 长(長) long
   cháng kù 长裤 trousers

**6** Speaking practice.

Example

tā chuān bái sè  de hàn shān
他穿白色的汗衫
hé chéng sè  de duǎn kù
和橙色的短裤。

**7** Listen and choose the right colours.

68

| 1. ☐ 衬衫 | 2. ☐ 牛仔裤 | 3. ☐ 裙子 |
| 4. ☐ 出租车 | 5. ☐ 校车 | 6. ☐ 电车 |

## 8 Say the following in Chinese.

Example

hóng sè   de chèn shān
红色的衬衫

1

2

3

4

5

6

7

8

9

10

11

12

13

14

15

### Extra Words

mào zi
a) 帽子
hat

shǒu tào
b) 手套
gloves

wéi jīn
c) 围巾
scarf

pí xié
d) 皮鞋
leather shoes

yùn dòng xié
e) 运动鞋
sneakers

wà zi
f) 袜子
socks

xī zhuāng
g) 西装
suit

lǐng dài
h) 领带
tie

**9** Listen and tick if true, cross if false.

1 · · · [ ]

2 · · · [ ]

3 · · · [ ]

4 · · · [ ]

5 · · · [ ]

6 · · · [ ]

**10** Activity.

*Example*

tā chuān huáng sè  de
她穿黄色的
chèn shān hé zǐ  sè
衬衫和紫色
de cháng qún
的长裙。

### INSTRUCTIONS

1 The whole class may join the activity.

2 The teacher prepares a few pictures with people dressed in different clothes and some Chinese descriptions of these people. The students are asked to match each of the pictures with the description.

| Questions | Notes |
|---|---|
| nǐ jiào shén me míng zi<br>1. 你叫什么名字？ | 李可萌 |
| nǐ nǎ nián chū shēng<br>2. 你哪年出生？ | 二〇〇五年 |
| nǐ de shēng rì shì jǐ yuè jǐ hào<br>3. 你的生日是几月几号？ | 几月三十一号 |
| nǐ jīn nián duō dà le<br>4. 你今年多大了？ | 七岁 |
| nǐ shàng jǐ nián jí<br>5. 你上几年级？ | 二年级 |
| nǐ shì nǎ guó rén<br>6. 你是哪国人？ | 美国人 |
| nǐ jiā yǒu jǐ kǒu rén yǒu shuí<br>7. 你家有几口人？有谁？ | 四口人妈爸弟我 |
| nǐ bà ba gōng zuò ma nǐ mā ma ne<br>8. 你爸爸工作吗？你妈妈呢？ | 工作 |
| nǐ men jǐ diǎn shàng kè<br>9. 你们几点上课？ | 八点 00 |
| nǐ men jǐ diǎn fàng xué<br>10. 你们几点放学？ | 三点 30 |
| nǐ měi tiān zěn me shàng xué<br>11. 你每天怎么上学？ | |
| nǐ xǐ huan shén me yán sè<br>12. 你喜欢什么颜色？ | 蓝色 |
| nǐ xǐ huan chuān shén me yī fu<br>13. 你喜欢穿什么衣服？ | 裙子 |
| nǐ jīn tiān chuān shén me yī fu<br>14. 你今天穿什么衣服？ | 裙 |

tā jiào
Report to the class: 他叫 ▪ ▪ ▪ ▪ ▪

Text 1    🎵 70

yǎn jing
眼睛 1

ěr duo
耳朵 2

bí zi
鼻子 3

zuǐ ba
嘴巴 4

shǒu
手 5

tuǐ
7 腿

jiǎo
6 脚

## New Words

yǎn
1. 眼 eye

jīng
2. 睛 eyeball

yǎn jīng
眼睛 eye

ěr
3. 耳 ear

duǒ
4. 朵 clouds; measure word

ěr duo
耳朵 ear

bí
5. 鼻 nose

bí zi
鼻子 nose

zuǐ
6. 嘴 mouth

bā
7. 巴 cheek

zuǐ ba
嘴巴 mouth

shǒu
8. 手 hand

jiǎo
9. 脚 foot

tuǐ
10. 腿 leg

**1** Say the following in Chinese.

Example

dà yǎn jing

大眼睛

**2** Activity.

Example

chèn shān

Teacher: 衬衫

Student 1: chènshān

Student 2: cènshān

| | INSTRUCTIONS |
|---|---|
| 1 | The class is divided into pairs. |
| 2 | The teacher says a phrase and each pair writes down the pinyin with the correct tonal mark. |
| 3 | The pair who writes the most correct pinyin with correct tonal marks wins the activity. |

**3** Say the following in Chinese.

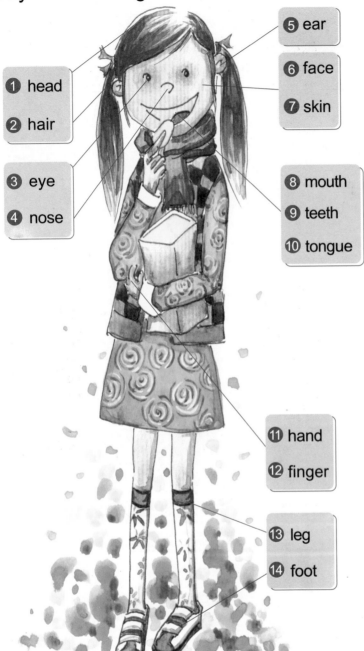

① head
② hair
③ eye
④ nose
⑤ ear
⑥ face
⑦ skin
⑧ mouth
⑨ teeth
⑩ tongue
⑪ hand
⑫ finger
⑬ leg
⑭ foot

**Extra Words**

liǎn
a) 脸
face

yá chǐ
b) 牙齿
teeth

shé tou
c) 舌头
tongue

pí fū
d) 皮肤
skin

shǒu zhǐ tou
e) 手指头
finger

tóu
f) 头
head

tóu fa
g) 头发
hair

**4** Listen and write down the pinyin with tonal marks.

 71

1 _____

2 _____

3 _____

4 _____

5 _____

6 _____

7 _____

8 _____

9 _____

**5** Learn the radicals.

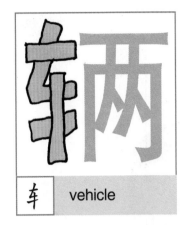

厂 cliff

车 vehicle

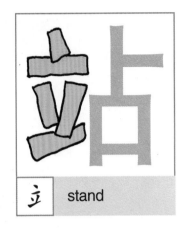

立 stand

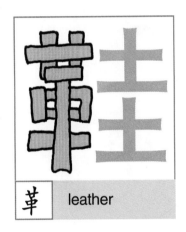

革 leather

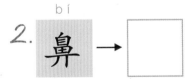

止 stop

虫 insect

**6** Draw the structure of each character.

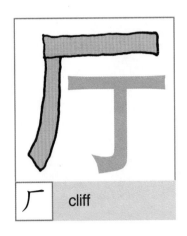

bān
1. 班 →

bí
2. 鼻 →

qǐ
3. 起 →

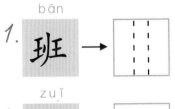

zuǐ
4. 嘴 →

huī
5. 灰 →

chéng
6. 橙 →

chà
7. 差 →

lán
8. 蓝 →

tào
9. 套 →

tā zhǎng de ǎi ǎi de  tā yǒu
她 长 得 矮 矮 的。她 有
dà dà de yǎn jing  gāo gāo de
大 大 的 眼 睛、高 高 的
bí zi hé xiǎo xiǎo de zuǐ ba
鼻 子 和 小 小 的 嘴 巴。
tā de tóu fa bù cháng yě bù
她 的 头 发 不 长 也 不
duǎn  nǐ zhǎng shén me yàng
短。你 长 什 么 样?

*It is your turn!*

Describe your appearance.

## New Words

zhǎng
* 1. 长（長） grow

de
2. 得 particle

ǎi
3. 矮 short (in height)

gāo
4. 高 tall

tóu
5. 头（頭） head

fà
6. 发（髮） hair

tóu fa
头 发 hair

yàng
7. 样（樣） appearance

118

## 7 Speaking practice.

Example

tā yǒu dà dà de yǎn jing
他有大大的眼睛。

tā de yǎn jing dà dà de
or: 他的眼睛大大的。

**NOTE**

Some adjectives can be repeated for emphasis, e.g.

黑黑的头发

1  2  3  4

5  6  7  8

## 8 Activity.

Example

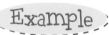

| 眼睛 | 鼻子 |
|------|------|
| 脚 | 头发 |
| 耳朵 | 手 |

**INSTRUCTIONS**

1. The class is divided into two teams.

2. The team members line up on both sides of the classroom. One member from each team stands near the board.

3. The teacher puts up 10-15 cards with characters on the board. The teacher says one of the words, and the first person to touch the card gains one point.

**9** Make a dialogue according to the pictures.

A: tā zhǎng shén me yàng
她长什么样?

B: tā zhǎng de bù gāo。 tā yǒu dà dà de yǎn jing
她长得不高。她有大大的眼睛、

gāo gāo de bí zi hé xiǎo xiǎo de zuǐ ba
高高的鼻子和小小的嘴巴。

*It is your turn!*

Describe your favourite actor or actress, singer, sportsman, etc. and let your classmates guess who he / she is. Give some hints.

*1*

*2*

*3*

## 10 Activity.

Teacher: 眼睛
yǎn jīng

Student:

**INSTRUCTIONS**

1 The whole class may join the activity.

2 The teacher says a part of the body, and the students point to it.

3 Those who point to the wrong part are out.

## 11 Listen and tick if true, cross if false.

1 · · · ☐

2 · · · ☐

3 · · · ☐

4 · · · ☐

5 · · · ☐

6 · · · ☐

| Questions | Notes |
|---|---|
| nǐ mā ma jiào shén me míng zi<br>1. 你妈妈叫什么名字？ | |
| nǐ mā ma zài nǎr chū shēng<br>2. 你妈妈在哪儿出生？ | |
| tā shì nǎ guó rén<br>3. 她是哪国人？ | |
| tā yǒu xiōng dì jiě mèi ma yǒu jǐ ge<br>4. 她有兄弟姐妹吗？有几个？ | |
| tā gōng zuò ma tā zuò shén me gōng zuò<br>5. 她工作吗？她做什么工作？ | |
| tā měi tiān jǐ diǎn shàng bān<br>6. 她每天几点上班？ | |
| tā měi tiān jǐ diǎn xià bān<br>7. 她每天几点下班？ | |
| tā xīng qī liù xīng qī tiān yě qù shàng bān ma<br>8. 她星期六、星期天也去上班吗？ | |
| tā měi tiān zěn me shàng bān<br>9. 她每天怎么上班？ | |
| tā xǐ huan shén me yán sè<br>10. 她喜欢什么颜色？ | |
| tā xǐ huan chuān shén me yī fu<br>11. 她喜欢穿什么衣服？ | |
| tā zhǎng shén me yàng<br>12. 她长什么样？ | |

**Report to the class:**

tā mā ma
他妈妈 ▪ ▪ ▪ ▪ ▪

## 13 Activity.

Example :

Teacher:
tā zhǎng de gāo gāo de
他长得高高的。
tā yǒu hēi sè de duǎn fà
他有黑色的短发。
tā shì zhōng guó rén
他是中国人。

Student:
wáng lǎo shī
王老师。

| INSTRUCTIONS | |
|---|---|
| 1 | The whole class may join the activity. |
| 2 | The teacher or a student describes a member of the class or a teacher. The rest of the class guesses who the person is. |

## 14 Listen and tick if true, cross if false.

1 小英今年七岁。

2 她上小学六年级。

3 她长得矮矮的。

4 她有大眼睛。

5 她的嘴巴小小的。

6 她的头发是黑色的。

7 她的头发短短的。

8 她穿衬衫和牛仔裤。

123

## Listening Scripts 听力录音稿

### Unit 1  Lesson 1

**P2** **2**

1) ā   2) ǒ   3) í   4) ù
5) è   6) ǚ   7) ī   8) ó

**P4** **3**

1) pí   2) mǔ   3) fà   4) bǐ   5) pó
6) bù   7) mí   8) bǎ   9) mà   10) fú

**P5** **4**

1) bà   2) bǔ   3) bí   4) pǐ   5) pà   6) mú
7) mō   8) mǐ   9) pǔ   10) fà   11) fú   12) bō

**P5** **5**

1) pī   2) mà   3) dǎ   4) bí   5) bǔ
6) mǔ   7) pó   8) bàba   9) dìdi

### Unit 1  Lesson 2

**P6** **7**

1) tì   2) mù   3) nǔ   4) ní
5) bū   6) bù   7) mó   8) fó

**P7** **8**

1) dà   2) là   3) tǐ   4) nù   5) nǐ
6) lǔ   7) nǚ   8) tā   9) dé

**P12** **10**

1) nā   2) lú   3) nù   4) pó   5) lè   6) tí
7) lǚ   8) dì   9) bá   10) mǐ   11) fǎ   12) mō

**P13** **11**

1) mǔ   2) nǚ   3) lù   4) ní   5) lè
6) lā   7) lǚ   8) lù   9) pá

### Unit 1  Lesson 3

**P17** **13**

1) duì   2) gāi   3) gòu   4) rè   5) qì
6) lǎo   7) sè   8) yǒng   9) néng   10) lái

**P19** **15**

1) 你好!   2) 再见!   3) 我叫小月。

**P19** **16**

1) gē   2) kǔ   3) hé   4) tā
5) nǐ   6) mò   7) fù   8) lú
9) bái   10) péi   11) dūn   12) hǎo

### Unit 2  Lesson 4

**P25** **18**

1) jǐ   2) qù   3) xī   4) jī   5) kē
6) hù   7) kǔ   8) gǔ   9) jǔ   10) gù
11) xú   12) yuè

**P28** **20**

1) jī   2) qù   3) tī   4) dì   5) pó
6) mǎ   7) là   8) nǚ   9) qiè   10) què
11) jiǎo   12) xiū

### Unit 2  Lesson 5

**P31** **22**

1) jì   2) chū   3) shǔ   4) lù
5) jǐ   6) xī   7) xǐ   8) lú
9) zhuì   10) chōu   11) shuí   12) ròu

124

P34 23

1) zhā  2) chá  3) shì  4) rè
5) gǔ  6) kù  7) jī  8) qǐ
9) zhuì  10) chǒu  11) shuō  12) ruò

P37 25

1) 爸爸在 1962 年出生。他的生日
   是 2 月 25 日。他今年 44 岁。
2) 妈妈在 1964 年出生。她的生日
   是 4 月 9 日。她今年 42 岁。
3) 我在 1993 年出生。我的生日是
   8 月 30 日。我今年 13 岁。

P37 26

1) zhā  2) shì  3) chǐ  4) rù  5) jiù
6) qí  7) xú  8) gě  9) cuī  10) wén
11) duō  12) yǒu

## Unit 2  Lesson 6

P40 28

1) zǐ  2) cù  3) sū  4) zī  5) cí
6) sǐ  7) cè  8) qǐ  9) cuì

P43 30

1) zé  2) cā  3) sǎ  4) rì  5) jǐ
6) qiě  7) gǒu  8) cǎi

P45 31

1) A:他多大了？
   B:他十二岁。
2) A:她叫什么名字？
   B:她叫小月。
3) A:今天几月几号？
   B:今天九月十号。
4) A:你家的电话号码是多少？
   B:2565 0189。

5) A:他住在哪儿？
   B:他住在北京。
6) A:今天星期几？
   B:星期四。

## Unit 3  Lesson 7

P47 33

1) 我今年十岁。今天是我的生日。
2) 我家有四口人：爸爸、妈妈、
   姐姐和我。
3) 我们一家人住在北京。
4) 我家的电话号码是 2574 1083。

P52 35

1) yá  2) wǒ  3) yī  4) wǔ  5) yōng
6) wén  7) wāi  8) yuè  9) yǒu

## Unit 3  Lesson 8

P56 37

1) wāi  2) lái  3) cuì  4) shuí
5) sāi  6) lēi  7) tuī  8) zài
9) hēi

P61 39

1) A:你是中学生吗？
   B:不是，我是小学生。
2) A:你上几年级？
   B:我上四年级。
3) A:你是哪国人？
   B:我是中国人。
4) A:你有兄弟姐妹吗？
   B:有。我有一个姐姐。
5) A:你的生日是几月几号？
   B:一月十三号。
6) A:你住在哪儿？
   B:我住在北京。

# Unit 3  Lesson 9

P64

1) shuí  2) jiǔ  3) zǒu  4) tāo

5) shǒu  6) gāo  7) xiù  8) lǒu

9) qiú  10) ròu  11) yáo  12) liū

P68

1) A：她是独生女吗？
   B：不是。她有一个哥哥。
2) A：你今年上几年级？
   B：我上六年级。
3) A：你家住在哪儿？
   B：我家住在北京。
4) A：今天几月几号？
   B：五月十号。
5) A：你爸爸工作吗？
   B：他工作。
6) A：你妈妈做什么工作？
   B：她是老师。

P69

A：你家有几口人？
B：五口人：爸爸、妈妈、哥哥、
   妹妹和我。
A：你爸爸工作吗？
B：我爸爸工作。他是商人。
A：你妈妈工作吗？
B：她不工作。
A：你哥哥今年多大了？
B：他今年十六岁，上十一年级。
A：你妹妹几岁了？
B：她六岁，上小学一年级。

# Unit 4  Lesson 10

P71

1) ér  2) xiě  3) biē  4) jué

5) lüè  6) quē  7) xuě  8) niè

9) ěr  10) yuē  11) tiē  12) piě

P72

1) 现在两点半。
2) 现在十二点三刻。
3) 现在九点零三分。
4) 现在八点零五分。
5) 现在两点一刻。
6) 现在十点二十五分。

P76

1) 现在八点零五分。
2) 现在九点十分。
3) 现在四点一刻。
4) 现在七点三刻。
5) 现在十二点半。
6) 现在十点五十五分。
7) 现在差五分六点。
8) 现在一点二十五分。

# Unit 4  Lesson 11

P81

1) sān  2) rén  3) qīn  4) sǔn

5) yùn  6) jǐn  7) chún  8) bàn

9) cēn  10) hán  11) gǔn  12) dùn

1) A：现在北京几点？
　　B：早上六点半。
2) A：香港现在几点？
　　B：下午四点四十分。
3) A：现在纽约几点？
　　B：中午十二点一刻。
4) A：伦敦现在几点？
　　B：晚上九点零五分。
5) A：东京现在几点？
　　B：上午十一点十分。
6) A：巴黎现在几点？
　　B：晚上十点三刻。

 P84

1) 我早上七点半起床。
2) 我八点吃早饭。
3) 我八点一刻去上学。
4) 我们八点三刻上课。
5) 我中午十二点一刻吃午饭。
6) 我们三点二十五分放学。
7) 我们家晚上七点吃晚饭。
8) 我晚上十点睡觉。

# Unit 4　Lesson 12

 P89

1) sāng　2) chéng　3) xíng　4) sòng
5) páng　6) gēng　7) dǐng　8) yòng

 P92

1) 我是小学生。
2) 我坐校车上学。
3) 我爸爸是律师。
4) 我爸爸每天开车上班。
5) 我妈妈是秘书。
6) 她每天坐地铁上班。

 P93

1) A：你早上几点上学？
　　B：七点二十分。
2) A：你怎么上学？
　　B：我走路上学。
3) A：你爸爸工作吗？
　　B：工作。他是老师。
4) A：你爸爸怎么上班？
　　B：他开车上班。
5) A：你妈妈也是老师吗？
　　B：不是。她是秘书。
6) A：你妈妈每天怎么上班？
　　B：她坐公共汽车上班。

# Unit 5　Lesson 13

 P97

1) fàndiàn　　2) jīngcháng　3) shòushāng
4) xuésheng　5) shítou　　　6) jiǎngbēi
7) jīnyú　　　8) yúncai　　　9) piàoliang

P98

1) 爸爸喜欢蓝色。
2) 妈妈喜欢红色。
3) 哥哥喜欢黑色。
4) 姐姐喜欢黄色。
5) 妹妹喜欢粉红色。
6) 我喜欢橙色。

P103

1) A：大生喜欢什么颜色？
   B：他喜欢绿色。
2) A：小文喜欢什么颜色？
   B：她喜欢粉红色。
3) A：小月喜欢什么颜色？
   B：她喜欢黄色。
4) A：京京喜欢黑色吗？
   B：喜欢。
5) A：王星喜欢灰色吗？
   B：不喜欢。他喜欢棕色。
6) A：王小明喜欢红色吗？
   B：喜欢。他也喜欢蓝色。

## Unit 5　Lesson 14

P105

1) gōngniú　　2) kùnnan　　3) duǎnkù
4) chuántǒng　5) tiáozi　　6) tàozhuāng
7) duànliàn　　8) yǒuqíng　9) lǜsè

P109

1) 爸爸穿白色的衬衫。
2) 哥哥穿蓝色的牛仔裤。
3) 姐姐穿棕色的裙子。
4) 我喜欢红色的出租车。
5) 弟弟坐黄色的校车上学。
6) 妈妈坐紫色的电车上班。

P111

1) 大生穿白汗衫、蓝短裤。
2) 小文穿粉红色的衬衫、紫色的
   裙子。
3) 小月穿红色的毛衣、棕色的裙子。
4) 京京穿绿色的外套、黑色的长裤。
5) 王星穿灰色的汗衫、黑色的牛
   仔裤。
6) 王小明穿橙色的衬衫、黑色的
   长裤。

## Unit 5　Lesson 15

P116

1) shénme　2) kāishǐ　3) yīnyuè
4) xǐhuan　5) liúxíng　6) yáogǔn
7) xuéxiào　8) xiōngdì　9) lǚxíng

P121

1) A：你爸爸长什么样？
   B：他长得高高的。
2) A：你妈妈长什么样？
   B：她长得不高也不矮。
3) A：你哥哥长什么样？
   B：他有大眼睛，头发短短的。
4) A：你妹妹长什么样？
   B：她有小小的眼睛和小小的嘴巴。
5) A：你弟弟长什么样？
   B：他有大大的眼睛和小小的嘴巴。
6) A：你姐姐长什么样？
   B：她长得矮矮的，头发长长的。

P123

小英今年十一岁，上小学五
年级。她长得高高的。她有
大大的眼睛、高高的鼻子和
大大的嘴巴。她有黑色的长
发。她穿衬衫和裙子。